그동안 나는 너무 많이 참아왔다

## 그동안 나는 너무 많이 참아왔다

**초판 1쇄 인쇄** 2020년 5월 15일
**초판 1쇄 발행** 2020년 5월 25일

**지은이** 강현식(누다심), 최은혜

**펴낸이** 이상순  **주간** 서인찬  **편집장** 박윤주  **제작이사** 이상광
**기획편집** 박월, 김한솔, 최은정, 이주미, 이세원  **디자인** 유영준, 이민정
**마케팅홍보** 신희용, 김경민  **경영지원** 고은정

**펴낸곳** (주)도서출판 아름다운사람들
**주소** (10881) 경기도 파주시 회동길 103
**대표전화** (031) 8074-0082  **팩스** (031) 955-1083
**이메일** books777@naver.com
**홈페이지** www.books114.net

**생각의길은 (주)도서출판 아름다운사람들의 인문 교양 브랜드입니다.**

ISBN 978-89-6513-602-6 03180

이 도서의 국립중앙도서관 출판예정도서목록(CIP)은 서지정보유통지원시스템 홈페이지(http://seoji.nl.go.kr)와
국가자료종합목록구축시스템(http://kolis-net.nl.go.kr)에서 이용하실 수 있습니다. (CIP제어번호 : CIP2020017452)

그동안 나는 너무 많이 참아왔다

강현식(누다심)
최은혜 지음

# 내 안의 억눌린
# 화를 생각하는 시간

요즘 SNS에 자주 올라오는 짤막한 영상 중에서 사람들의 관심을 끈 것이 있다. 바로 보복운전 차량을 촬영한 영상이다. 어떤 차량이 2차선에서 3차선으로 급하게 차선을 변경하는데, 3차선에서 주행하던 차를 못 봤는지 부딪힐 듯 아슬아슬했다.

3차선에 있던 차는 자기 앞으로 위험하게 끼어든 차에 화가 나서 자신도 차선을 변경한 후 자기 앞에 끼어든 차량 앞으로 다시 끼어들어 가다 서다를 반복하며 위험한 상황을 연출했다. 그래도 성에 차지 않는지 차가 정차해 있을 때 후진해서 뒤 차량을 여러 번 박아버렸다. 영상을 보는 것만으로도 아찔했다.

누군가 위험하게 차선을 변경하면서 끼어들면, 순간 불쾌하고 짜증 날 수 있다. 그렇다고 고의로 사고를 내는 건 분명히 잘못된 행동이다. 화가 난다고 영상 속 운전자처럼 모두가 그렇게 상대

차를 들이박거나 사고를 내지는 않는다.

요즘 이처럼 분노를 조절하지 못해서 벌어지는 사건을 자주 볼 수 있다. 별것 아닌 사소한 일로 시비가 붙기 일쑤고, 심각한 범죄 사건으로 번지기도 한다. 영상에서 보여주듯 사소한 일에 과도하게 화를 내거나 분노를 조절하지 못하면 최악의 상황에선 타인의 생명을 위협할 수도 있다.

'화'라는 감정은 불과 같아서 잘 사용하면 매우 유용하지만 사용할 줄 모르면 자신과 타인에게 크나큰 위험이 될 수 있다. 급작스레 폭발한 분노는 대부분 나중에 후회할 일을 남긴다. 화를 참지 못하고 공격적인 말과 행동으로 일자리를 잃기도 하고, 학교생활에 적응하기 힘들어지기도 한다. 이혼, 대인관계 문제, 법적 소송까지 생길 수 있다.

분노를 표출하면 당장은 속이 시원하거나 원하는 결과를 얻을 수도 있다. 하지만 자주 반복되면 자신과 타인 모두를 해치는 결과를 가져온다.

그럼, 화를 내는 건 모두 나쁜 걸까? 아니다. 극단적으로 화를 표출하는 것도 문제지만, 반대로 화를 억누르기만 하는 것도 문제다. 오랫동안 상담실에서 내담자로 만났던 사람들 중에는 오히려 '화'라는 감정을 제대로 표현하지 못해서 고통스러워하는 사람들이 많았다.

그들 대부분은 참고 또 참았다. 화가 나지만 참는 것이 자연스러웠고, 참는 것을 당연시했다. 어떤 이들은 자신에게 분노라는 감정이 아예 없는 것처럼 살기도 한다.

기본적으로 우리 사회는 감정을 표현하는 데 인색한 편이다. 자기감정을 표현하는 데 서툰 사람들이 많다. 특히 화를 표현하는 것을 금기시하는 시각이 있다. 성격이 순하지 않다, 욕심이 많다, 냉정하다, 불같다 등등 화를 비롯해 각종 '부정적 감정은 나쁘다'라는 학습된 믿음이 깔려 있다. 아마 그런 믿음은 가정이나 학교, 그리고 종교를 통해 은연중에 심어졌을 것이다. 특히 우리나라는 개인보다는 집단을 중시하는 문화여서 공동체의 조화를 깨트리는 분노라는 감정을 적극적으로 통제하려 했던 영향도 상당한 게 사실이다.

세상을 살면서 부정적 감정을 느끼지 않는 건 불가능하다. 그럼에도 많은 이들이 부정적 정서에 대한 부적절한 믿음 때문에 자신의 감정을 필요 이상으로 부정하거나 억누른다. 이렇게 심리적 불편감을 늘 억누르며 살다 보니 신체 증상으로까지 발전하기도 한다. 가슴이 꽉 막힌 듯 답답하며 통증까지 느껴질 때가 있다. 우리나라의 대표적인 질환인 '화병'이 이와 유사하다.

오래 전부터 마음의 병은 물론 신체 증상까지 나타난 사람들을 만나 상담해왔다. 그들은 화를 억누르다 보니 오히려 대인관계에서 어려움을 겪고 있었다. 그들은 하나같이 분노로 대표되는 부정적 감정에 대해 오해하고 있었다. 즉, 분노를 표현하는 것은 나쁘며, 관계를 악화시키고 자신의 이미지를 손상한다고 여겨 참는 것이 능사라고 생각했다.

그러나 상담을 하면서 조금씩 달라졌다. 자신 안에 있는 부정적 감정을 인식하고 받아들이며, 표현해도 괜찮다는 경험을 처음으로 했다. 그러면서 모든 감정에는 옳고 그름이 없다는 사실을 알아갔다. 그리고 자신이 느끼는 감정을 제대로 인식하고 이해하며 조절해 적절히 사용할 수 있게 되었다.

이 책에는 제대로 화내지 못해 병들고 아파하는 여러 내담자의 이야기가 담겨 있다. 그들은 화를 너무 폭발하거나 또는 지나치게 억압하는 문제로 상담실을 찾았다. 독자는 전문적인 상담을 통해 분노를 적절하게 표현하고 부정적 감정을 조절하기까지 내담자가 변화하고 성장하는 과정을 엿볼 수 있을 것이다. 속으로 꾹꾹 참기만 하고 돌아서서 자책했던 경험이 있는 분이 자신과 비슷한 사례를 보며 구체적인 도움을 받을 수 있다면 더할 나위 없이 기쁘겠다.

강현식(누다심), 최은혜

차례

## 3장  약간의 거리를 뒀을 뿐인데

## 4장  정작 내 마음은 돌보지 못했다

## 5장 무너지다가 무너지고 말았다

## 6장 죽음으로 너한테 복수하고 싶어

## 7장 관계가 길게 이어지지 못하는 이유

## 8장 사랑받고 싶은 마음이었구나

1
장

# 그동안 나는
# 너무 많이 참아왔다

불쑥불쑥 아무에게나 화가 나요

**가연 이야기**

요즘 가연은 하루에도 여러 번 화가 치솟고 아무에게나 불쑥 화가 치민다. 물론 이유가 없지는 않다. 자신에게 불친절하거나 마땅히 받아야 할 배려를 받지 못할 때, 또한 상대가 자기 일을 책임감 있게 하지 않는다고 느껴지면 대상을 가리지 않고 화가 난다.

하루는 지방 출장 때문에 새벽같이 집을 나섰다. 아침도 먹지 못한 탓에 배가 고파서 편의점에 들어갔다. 그녀 외엔 손님이 없었다. 알바생은 가연이 들어오는 것을 봤으면서도 인사를 하지 않는다. 그런 알바생의 태도가 가연의 심기를 건드리기 시작한다. 불쾌한 기분을 억누르고 우유를 골랐다. 원래는 하나만 사려고 했는데, 원플러스원 행사를 한다고 적혀 있어서 두 개를 집어 들고 계산대로 가져갔다. 알바생은 무표정한 얼굴로 가연을 쓱 쳐다봤다.

'표정이 왜 저래? 손님 없어서 좋았는데, 내가 들어와서 짜증이라도 난 거야?'

이런 생각을 하니 기분이 나빠졌지만, 시간이 빠듯했기에 그저 계산이 빨리 끝나기만을 기다렸다. 알바생이 퉁명스럽게 말한다.

"두 개에 3,400원이요."
"이 우유, 원플러스원 아닌가요?"
"행사 기간 끝났어요.. 거기 기간이 적혀 있는데요.."

행사 기간이 끝났다는 이야기에 잠시 당황했다. 자신이 뭔가 실수했다는 생각을 하니 자신에게 짜증이 났다. '내가 또 덜렁댔나…… 진짜 못 말린다. 난 왜 이 모양이지?' 하지만 이내 이런 생각도 든다. '아니, 이게 내가 잘못한 거야? 행사 기간이 끝났으면 원플러원 표시를 빼야 하는 거 아냐?' 그렇지 않아도 편의점에 들어올 때부터 불편했고, 잠깐이지만 자신에게 짜증 났던 마음마저 더해져 목소리가 커진다.

"그럼 원플러스원 표시를 빼야죠!"

알바생은 당황한 표정이 역력하다. 약간 긴장한 표정으로 자신을 쳐다보는 알바생을 보니, 가연은 마치 자신이 무례한 손님이라도 된 것 같아 더 화가 난다. 아침부터 편의점에서 화를 내는 자신에게도 짜증이 난다. 알바생에게도, 자신에게도 화가 너무 나서 얼굴이 벌겋게 달아오른다.

알바생은 서둘러 상황을 수습하려는 듯이 얼른 다음 말을 이어 한다.

"저기, 그럼 어떻게 할까요? 두 개 다 계산할까요?"

"하나만 주세요."

"네."

"손님이 헷갈리게 일도 제대로 안 해놓고 사과도 없어! 아이 씨,

짜증 나.”

　마지막 말을 혼잣말처럼 중얼거렸지만 작은 편의점이기에 알바
생도 분명히 들었을 거다. 아침부터 괜스레 기분을 망치게 한 알바
생도 싫고, 사소한 일에 흥분하는 자신도 싫다.

　'아침부터 피곤한데, 인간들이 왜 기본을 안 지키는 거야. 왜 이
렇게 다른 사람들한테 예의가 없지? 아니, 실수했으면 죄송하다는
사과 한마디라도 해야 하는 거 아냐? 그럼 그렇게까지 화내지도 않
았을 거고. 난 또 왜 참지 못하고 거기서 기분을 잡쳤던 거야. 그냥
넘어갈 수도 있었잖아.'

　요즘 시도 때도 없이 짜증이 나고 불쑥불쑥 분노가 치미는데, 왜
그러는지 이유를 알 수 없어 답답해 미칠 지경이다. 이날만이 아니
다. 사실 그냥 참고 넘어가면 두 번 다시 볼 일이 없는 식당 종업원
이나 주차장 관리인에게까지 감정이 폭발할 때가 많다. 정도가 심
하면 말싸움으로 번지는데, 그러고 나면 가연의 마음도 엉망진창
이 된다.

　가연이 이렇게 수시로 감정을 드러내는 모습을 보고 속에 쌓아
두지 않으니 후련할 것 같다고 말하는 친구도 있지만, 전혀 아니다.
수치심과 죄책감, 해결되지 않은 분노가 뒤엉켜 마음은 수시로 지
옥이 된다.

## 무시당하고 보호받지 못한 감정들

　상담실 문을 열고 들어오는 가연의 첫인상은 매우 조심스럽고 경직돼 있었다. 동시에 나의 눈치를 과도하게 많이 보는 게 인상적이었다. 나는 가연이 작성한 상담신청서를 보면서 조심스럽게 대화를 이어갔다. 그녀는 최근에 있던 일이라며 편의점에서의 일 말고 또 다른 이야기를 내게 해주었다.

　오랜만에 여행을 떠난 그녀의 가족이 호텔 조식을 먹으러 식당에 갔다. 사람이 많아서 순서를 기다리며 앉아 있는데, 호텔 직원이 가연의 가족보다 늦게 온 사람들을 먼저 자리로 안내하자 가연은 그 즉시 직원에게 말했다.

"저희가 먼저 왔거든요."
"저는 시키는 대로 했는데요."

　직원은 잠시 당황한 듯했지만, 이내 사과도 없이 자리를 떠나버렸다. 그 순간 가연은 슬슬 화가 올라오기 시작했다. 하지만 가족 여행 중이라는 사실을 떠올리며 마음을 가라앉혔다. 심호흡하면서 다음 순서를 기다리자 잠시 후 직원이 다시 와서 가연의 가족을 자리로 안내했다.

"저기요. 저희가 저 사람들보다 먼저 와서 30분이나 기다렸어요. 그쪽에서 착오가 있었으면 사과를 해야지, 시키는 대로 했다니. 그건 직원들끼리 할 얘기죠. 짜증나게 그걸 왜 손님한테 말해요? 사람을 너무 만만하게 보는 거 아니에요? 호텔에서 이러면 안 되죠!"

직원을 보자 자신도 모르게 마음속 말이 튀어나왔다. 가연의 목소리가 식당 안에 앙칼지게 울렸다. 가족들은 가연을 말렸다.

그녀는 가만히 있으라는 가족들의 태도에 다시 화가 나기 시작한다. 배려받지 못하고 사과받지 못해서 화가 난 건데, 공연히 화를 낸 것처럼 대하는 가족들에게 섭섭함이 밀려왔다. 가족한테까지 이해받지 못하니 억울했다. 그녀는 결국 자리를 박차고 식당을 나가버렸다.

식당에 앉아 있던 다른 사람들이 가연과 가족들을 쳐다보았고, 소란에 놀란 식당 매니저가 급히 곁으로 다가왔다. 이목이 쏠리자 가족들도 그 자리에 앉아 식사할 수 없어서 가연을 따라 나왔다.

가연은 억울함과 서운함, 분노를 가족들에게 쏟아냈다. 그러자 아버지는 왜 창피하게 그러냐며 꾸중했고, 어머니는 딸 편에 서서 두둔하느라 결국엔 부부싸움이 되고 말았다. 동생은 창피하다며 방으로 올라가버렸다.

'이러려고 그런 게 아닌데……..'

식당 직원에게 항의했을 뿐인데 일이 커지자 자신 때문에 가족 여행이 엉망이 된 것 같아 이제는 스스로에게 화가 났다. 자신을 꾸중하는 아버지도, 아버지랑 싸우면서 일을 더 키운 어머니도 미웠다. 그리고 방으로 올라가버린 동생에게도 섭섭함이 밀려왔다.

모든 일이 꼬여버린 그날, 가연은 누구에게도 이해받지 못했다는 생각에 몹시 외로웠다고 한다. 그녀의 이야기를 들을수록 나는 그녀가 화라는 감정을 어떻게 생각하는지 궁금했다.

"화를 내는 건 나쁘잖아요. 누가 나에게 화를 내도 싫고요. 저뿐 아니라 다른 사람에게 화내는 것만 봐도 싫어요. 화를 내면 관계가 깨지고, 사람들은 상처를 받으니까요. 근데 요즘은 그걸 알면서도 어느 순간 화를 내고 있어요. 어디서부터 잘못된 건지 잘 모르겠어요."

가연처럼 많은 이들이 화를 내는 건 무조건 나쁘다고 생각한다. 물론 '화'는 부정적인 감정이다. 인간의 감정을 연구하는 심리학자들은 감정을 크게 쾌감과 불쾌감으로 구분한다. 쾌감으로 구분하는 감정은 기쁨, 즐거움, 행복처럼 긍정적 감정이고, 불쾌감으로 구분하는 감정은 화, 슬픔, 우울처럼 부정적 감정이다.

그런데 긍정적 감정이라고 해서 무조건 좋고, 부정적 감정이라고 해서 무조건 나쁜 것은 아니다. 감정 그 자체로 선악을 가릴 수는 없다. 상황에 따라 긍정적 감정이 부정적 결과를 낳을 수도, 그 반대일 수도 있다.

예를 들어 장례식장에서 기뻐한다면 어떻게 될까? 혹은 결혼식장에서 슬퍼한다면? 분명 이상한 사람으로 취급받을 것이다. 분노도 그렇다. 무고한 사람에게 화를 내는 것은 당연히 나쁘지만, 자기 자신이나 사랑하는 사람이 불이익을 당하거나 곤경에 처했을 때 화가 나는 것은 당연하다. 이런 상황에서도 웃으면, 그게 더 이상하다.

이런 면에서 화는 불火과 같다. 불을 잘못 사용하면 모든 것을 잃지만, 잘 사용하면 매우 유용하다. 음식을 익혀서 먹을 수도 있고, 체온을 유지해주기도 한다. 어둠을 밝혀주며, 맹수의 위협으로부터 자신을 안전하게 지킬 수도 있다. 감정의 불인 화나 분노도 마찬가지다. 사용하기 나름이다.

그렇다면 가연은 왜 '화는 나쁜 거야', '난 화내면 안 되는 사람이야'라고 생각하게 된 걸까? 상담하면서 그 원인을 찾을 수 있었다. 그녀에게는 연년생인 여동생이 있었다. 가연이 태어나고 얼마 지나지 않아 동생이 생겼기에 가연은 부모님의 사랑을 충분히 받지 못했다. 몸이 약했던 어머니가 동생을 임신하면서 가연은 외할머니 집에 맡겨졌다. 원래는 어머니가 동생을 출산할 때까지만 외할머니가 키울 계획이었지만, 출산 후 어머니의 몸은 더 안 좋아져서 가연은 다섯 살 때까지 외할머니 집에서 살았다. 어머니가 가연을 자주 보러 찾아왔지만, 그녀는 당시 주 양육자였던 외할머니를 더 좋아했다고 한다.

그러다 외할머니의 건강이 나빠져서 가연은 집으로 돌아왔다. 그때 가연은 외할머니랑 살겠다고 꽤 오랜 기간 울며 떼를 썼다고 한다. 집으로 돌아온 이후 외할머니한테 가겠다고 며칠을 울었던 기억이 여전히 그녀의 머릿속에 남아 있다. 어린 가연에게는 세상이 흔들리는 것 같은 불안하고 충격적인 상황이었을 것이다. 가연은 다시 외할머니에게 돌아갈 수 없었다. 이듬해에 돌아가셨기 때문이다. 어쩔 수 없이 아버지, 어머니와 연년생 여동생과 함께 지내게 된 가연은 처음에는 힘들어했지만, 시간이 지나면서 적응해 나갔다.

하지만 가연의 어머니는 몸이 약한 편이라 어린 두 딸을 제대로 돌보기 힘들었다. 게다가 어린 가연은 어머니를 닮아 몸도 허약하고 예민해서 자주 짜증을 부렸는데, 그때마다 어머니의 반응은 외할머니와 달랐다. 가연의 마음을 받아주지 않았다. 아니, 받아줄 힘이 없었다. 그래서 떼를 부릴 때마다 매몰차게 대했고, 말을 너무 안 듣는다 싶으면 앞뒤 사정도 듣지 않고 때리곤 했다. 그러면서 어머니는 가연에게 이런 말을 자주 했다.

"이가연! 또 그런다. 말대꾸하지 말고, 엄마 말에 '네' 하고 대답해야지. 도대체 누굴 닮아서 이렇게 화도 잘 내고, 세상에 불편한 게 그리 많니? 예민하고 성격이 불같은 게 꼭 네 아빠랑 똑같아. 네 아빠가 얼마나 난폭한 줄 아니? 화나면 밥상 엎고, 물건 부수고. 그럴 때마다 엄마가 얼마나 힘들었는지 알아? 근데 왜 너까지 나를 힘들게 해? 너 때문에 너무 힘들어! 나쁜 애들이나 엄마한테 그렇게 대들고 화내는 거야!"

가연의 어머니는 매번 가연의 부정적 감정을 비난했고, 끊임없이 '화는 나쁜 것이다'라고 가르쳤다. 무엇보다 어머니의 '너 때문에 내가 힘들어'라는 말은 죄책감을 불러일으켰고, 화를 억압하게 하는 데 큰 역할을 했다.

누구나 그렇듯이 자녀는 어머니의 사랑을 간절히 원한다. 가연도 여느 아이와 마찬가지로 어머니에게 사랑받고 싶어서 점차 불편하고 힘들어도 티 내지 않았고, 화가 나도 자책하며 자신의 부정적 감정을 부정하고 억눌렀다. 겉으로는 어머니가 원하는 착한 아이, 웃는 아이, 공손한 아이인 척하며 지냈다.

가연은 학교에서도 잘 적응하지 못했다. 내면에 있는 슬픔과 분노, 불안이 너무나 컸던 탓이다. 대부분 아이들은 친구들과 어울리면서 싸우기도 하고, 속상한 감정도 느끼면서 자연스레 긍정적 감정과 부정적 감정을 경험한다. 그러나 가연은 부정적 감정을 느끼는 것만으로도 죄책감에 사로잡혔기 때문에 혼자 있는 것이 더 편했다. 그렇다 보니 또래 친구들이나 선생님들 눈에는 가연이 조용한 아이로만 보였을 가능성이 크다.

사실 가연의 내면은 남들이 보는 것처럼 조용하지 않았다. 학교에서 보내는 시간 중에 쉬는 시간, 체육 시간, 점심시간이 가장 싫었다고 가연은 말했다. 수업시간에는 자리에 앉아 수업만 들으면 됐지만, 그 외의 시간엔 친구들끼리 어울려 놀아야 하는데, 가연은 친구가 없어서 늘 화장실에 들어가 그 시간을 때웠다.

이렇게 외롭고 힘든 학교생활을 마치고 집에 오면 가연은 어머니에게 징징댔다. 어머니는 아이의 징징거림이 버거웠는지 그럴 때마다 동생과 비교하거나, 어머니가 그토록 싫어하던 할머니나 고모들처럼 굴지 말라며 아이를 혼냈다. 친구 관계에 대한 어려움을 말하면 어머니는 인상을 쓰고 다니니 누가 좋아하겠냐면서, 많이 웃고 먼저 다가가라고 다그쳤다.

어머니의 이런 말은 벼랑에 서 있는 가연을 더 끝으로 내몰았다. 상처에 소금을 뿌리는 격이랄까? 힘들어서 위로받고 싶었을 뿐인데 오히려 어머니에게 한 번 더 상처를 받았다. 어린 가연에게 어머니가 하는 말은 곧 진리였을 것이다. 그렇게 어머니의 말에 반박하지 못한 채 모든 비난을 받아들였다.

"저는 어릴 적 엄마 말대로 다시 화도 많고, 예민하고, 사람을 힘들게 하는 사람이 된 것 같아요. 집에서도 밖에서도 모두 저를 불편해하고 싶어해요. 진짜 저는 화가 가득한 나쁜 존재일까요?"

슬프게 말하는 가연을 바라보고 있자니 그녀가 자라며 느꼈을 외로움이 나에게까지 전해졌다. 어머니한테 이해받고 싶었을 텐데, 표현하는 족족 부정당한 어린 가연을 떠올리니 짠한 마음이 들었다. 그렇게 가연은 천천히 비난에 익숙해지며 자신에 대한 부정적 이미지를 잔뜩 가진 채 어른이 되었다.

결국 조금이라도 부정적 감정을 표현하는 것은 나쁜 거라는 생각에 압도돼, 참고 또 참아야 한다고 생각하며 자랐다. 그녀는 누구에게도 불편을 끼치지 않으려고 애썼다. 마치 인생의 목표가 '다른 사람에게 폐 끼치지 않기'인 것처럼 말이다.


## 화를 계속 참다 보면 벌어지는 일


부정적인 표현을 억누르는 삶의 태도가 반복되다 보니 타인의 무심함과 불친절로 인해 자신이 피해를 보고 마음에 상처를 입는 상황에서도 가연은 불편한 기색을 전혀 내비치지 못했다. 가연은 사람들에게 친절을 베풀었지만, 사람들은 정반대였다. 배려할수록 무시받을 때가 잦았다. 친구들도, 가게 점원도 그랬다. 불만과 불편을 호소하지 않고 잘 참아주는 가연은 무시하면서, 예민하고 까다로우며 화를 잘 내는 다른 사람에게는 더 큰 배려와 친절을 베풀었다.

심지어 가족들도 그랬다. 연년생으로 태어난 동생은 성격이 까칠해서 짜증을 잘 내는 반면 가연은 부모님의 잔소리가 필요 없을 만큼 착한 딸로 성장했다. 부모님은 말 잘 듣고 화 안 내는 가연보다 동생의 의견을 먼저 들어주고 더 챙겼다. 그런 상황이 반복되자 가연의 마음에 억울함이 날로 쌓여갔다. 화 잘 내는 사람한테는 사람들이 공손하고, 부모님은 까칠한 동생만 신경 써주는 것이 이해가 되지 않았다. 지금껏 사랑받기 위해서 부정적 감정이 올라와도 숨기며 살았는데, 오히려 그럴수록 사랑과 관심은커녕 무관심과 무시를 받는 것 같았다.

'그렇다고 앞으로 화내고 살면 괜찮아지는 걸까.' 생각이 많아진 가연은 그동안 지켜온 신념이 흔들리자 혼란스러웠고, 어떻게 해야 할지 알 수 없었다. 혼란이 가중될수록 가연은 스트레스를 받았고, 부정적 감정에 압도되어갔다. 바로 이런 감정 상태에서 편의점이나 호텔에서와 같은 상황이 벌어진 것이다.

성장 과정을 이야기하는 가연의 얼굴에 분노와 억울함이 고스란히 드러났다. 사실 가연이 최근에 보이는 행동, 즉 때와 장소를 가리지 않고 분노를 있는 대로 드러내는 행동은 어린 시절 경험했어야 하는 거다. 부모나 형제, 교사나 친구 간에 드러내면서 시행착오를 통해 적절하게 표현하는 방법을 배웠어야 한다. 그러나 가연에게는 그럴 기회가 없었다. 이제라도 발걸음을 떼는 것 같아서, 화가 나는 자신의 마음을 인정하는 그녀의 모습이 오히려 나는 반가웠다.

"적절하게 화내야 사람들이 조금이라도 내 말과 기분을 들어주기라도 할 텐데, 순간의 감정을 주체하지 못해 폭발하니 걱정이에요. 내 감정을 말 안 하고 숨겼을 때보다 요즘은 더 엉망이에요. 사람들이 날 피곤하게 여기는 것 같기도 하고, 멀리하는 느낌이 들기도 하고요. 적어도 예전엔 제가 착하다면서 좋아하는 사람도 있었거든요."

조절되지 않은 분노는 상대에게 자신의 감정 상태를 전달하는 데 아무런 도움이 되지 않는다. 오히려 방해가 된다. 그렇기에 피해를 본 상황에서도 자신의 불편감을 정확히 표현하지도, 자신의 정당한 권리를 주장하지도 못하게 된다. 또 억울한 마음을 풀어놓을 기회마저 사라진다. 사람들은 참다참다 도저히 참아지지가 않아서 불같이 화내는 건데, 이상한 사람이라고 생각할 뿐이다. 결국 주변 사람들의 이런 시선 때문에 더욱 상처받을 수밖에 없다.

어떻게 해야 자신이 느낀 불쾌함을 적절하게 표현하고 정당히 누려야 할 권리를 요구할 수 있을까? 물론 분노는 조절할 필요가 있지만 필요할 땐 적절히 감정을 표현해야 한다. 지금 가연에게 필요한 것은 '생각'을 바꿈으로써 자신의 '감정'을 변화시킬 수 있는 전략이다.


## '사건'보다 중요한 건 '생각'


사람들은 자신이 어떤 감정을 경험했을 때, 그 원인을 외부의 어떤 사건에서 찾는다. 사건의 결과로 자신이 기쁘다든지, 화가 났다든지 하는 감정을 느낀다고 생각한다. 이를 다음처럼 도식화할 수 있다(A-C).


선행 사건Activating event ─→ 결과Consequence


취준생이 직장에 합격하면(A) 기쁘고(C), 불합격하면(A) 슬프고 우울하다(C). 가연의 경우 편의점 알바생이 불친절하니(A) 기분이 안 좋아졌고(C), 호텔 직원이 사과하지 않으니(A) 분노가 폭발했다(C). 이처럼 우리의 감정은 어떤 사건으로 인해 생겨나는 것이 당연해 보인다.

그런데 달리 생각해보면 너무나 당연해 보이는 이 인과관계에 한 가지 의문이 든다. 동일한 사건(A)을 경험해도 전혀 다른 감정

(C)을 경험하는 사람들이 있기 때문이다. 실제로 고대 그리스의 철학자 에픽테투스Epictetus는 "사람은 사건 때문이 아니라 사건을 바라보는 관점 때문에 고통을 겪는다"라고 했다. 사건 자체보다는 사건을 바라보는 자기 생각과 신념이 심리적 고통의 원인일 수 있다는 말이다.

이를 도식화하면 다음과 같다(A-B-C).

선행 사건 → 생각/신념Belief → 결과

취준생이 직장에 합격했을 때(A) '원하던 직장에 정말 최선을 다해서 해냈다'라고 생각하면(B) 기쁘겠지만(C), 별로 원하지도 않고 대단하지도 않은 직장이라고 생각해 '내 수준이 이것밖에 안되나'라고 생각하면(B) 기분이 좋기는커녕 오히려 짜증 나고 우울할 수 있다(C).

이처럼 생각과 신념은 매우 중요하다. 이 관점에서 심리치료 이론을 만든 사람이 미국의 심리학자 앨버트 엘리스Albert Ellis다. 그는 어떤 사건을 경험했을 때 우울과 불안, 분노처럼 우리를 고통스럽게 하는 감정을 느끼게 하는 생각을 '비합리적 신념 irrational belief'이라고 명명했다.

비합리적 신념이란 합리적이지 못한 생각을 말한다. 구체적으로 어떤 생각이 비합리적일까? 두 종류로 꼽을 수 있다. 하나는 '~해야 한다'라는 표현이 들어가는 당위적 생각이다. 예를 들어 "나는 성공해야 해요"라고 말하는 사람들이 많다. 그런데 이런 생각은 이유와 근거가 빈약하다. 논리성이 없다. 세상을 살다 보면 성공도 실패도 있기 마련이다. 그리고 사회 구조상 성공하는 사람보다는 실패하는 사람이 다수다. 왜 본인은 꼭 성공해야 하는 사람인지, 그에 대한 논리와 근거가 희박하다.

또 다른 비합리적 신념은 '모든', '항상/언제나', '절대'라는 표현이 들어가는 극단적인 생각이다. '나는 절대 좌절하지 않아'라고 생각하는 사람이 있다. 하지만 제아무리 낙천적이고 운이 좋은 사람도 좌절할 수 있으므로 극단적인 생각은 현실적이지 못하다. 삶이 우리에게 늘 친절하지는 않기 때문이다.

이처럼 엘리스는 논리성과 현실성에 근거해서, 합리적인 생각인지 비합리적인 생각인지를 따져야 한다고 말한다. 여기에 한 가지를 더하자면 유용성이다. 즉 어떤 생각이 논리적이고 현실적이더라도, 나에게 도움이 되지 않는다면 비합리적이다. 예를 들어 '과거의 경험이 현재의 나를 만들었다'는 생각은 나름의 논리도 있고, 현실도 반영하고 있다. 그러나 이 생각 때문에 새로운 시도를 해보지 못한다면, 그래서 마치 운명론자처럼 무기력하게 살아간다면 자신에게 도움이 되지 않기 때문에 비합리적이다.

현재 가연에게 가장 시급한 문제는 시도 때도 없이 분노 조절이 안 된다는 거였다. 나는 가연에게 엘리스의 A-B-C 이론을 설명했고, 가연의 감정이 어떤 비합리적 신념으로 인해 극단으로 치닫게 되는지 스스로 인식하게 하는 데 초점을 맞췄다.

일단 가연이 가장 최근에 경험한 사건을 되짚어보았다. 종이에 가연의 비합리적 신념을 적어보니, 아래와 같은 비합리적 신념이 있다는 것을 발견했다.

**편의점에서**
알바생은 손님이 들어오면 웃는 얼굴로 맞이해야 한다.
알바생은 자신이 할 일을 제대로 해야 한다.
나는 덜렁대면 안 된다.

**호텔에서**
언제나 앞서 온 사람이 먼저 안내를 받아야 한다.
실수했으면 죄송하다고 사과해야 한다.
누구도 내 마음을 이해하지 못한다.

심리치료 이론 가운데 인지치료가 있다. 이는 상황을 해석하는 방식에 따라 감정이 달라질 수 있다는 믿음 속에 우리의 생각을 변화시켜 힘들고 불편한 감정을 다스리게 한다. 엘리스를 비롯해 많은 심리학자가 이와 비슷한 이론을 정립했다.

앞서 설명한 이론대로, 많은 이들은 가연처럼 비합리적 신념을 가지고 있으며 그것이 감정에 영향을 미친다. 이런 설명을 들으면 일부 사람들은 문제의 원인이 상황이 아니라 자기 생각 때문이고 결국 자기 자신 때문이냐고 반문하기도 한다. 그러나 인지치료는 문제의 원인이 자기 자신에게 있다고 말하려는 것이 아니다. 당장 자신이 겪는 심리적 고통을 해결하는 방법을 말하는 것이다.

만약 심리적 고통의 원인이 오로지 환경에 있는데, 그 환경을 바꿀 수 없다면 얼마나 무력하겠는가? 그렇다면 아무런 대처도 못 하고 계속 고통을 당해야 하지 않겠는가! 내가 세상을 바꿀 수는 없지만 내 생각과 관점은 바꿀 수 있다. 이를 바탕으로 인지치료 는 좀 더 적극적으로 심리적 고통에 대처할 수 있게 하는 패러다임 인 셈이다.

가연도 자신의 비합리적 신념을 살펴보는 과정에서 결국 문제 를 만든 사람이 자기 자신이라고 하는 것 같아서 처음에는 그 사실 을 받아들이기 힘들어했다. 시간이 지날수록 환경을 통제하는 것 보다 자기 생각을 바꾸는 편이 심리적 고통에 대처하는 데 더 유용 하고 쉬운 방법이라는 사실을 인정하며, 결코 자신을 탓하는 것이 아님을 마음으로 받아들였다.

비합리적 신념과 비슷하게 우리는 살면서 수시로 인지적 오 류cognitive error를 범한다. 인지적 오류란 논리가 부족한 생각을 말 한다. 이러한 인지적 오류 또한 자신의 삶에서 불안, 분노 같은 부 정적 감정을 일으킨다. 심각해지면 우울과 같은 정신적 문제를 가 져온다. 그 때문에 인지적 오류 역시 비합리적 신념처럼 좀 더 논 리적이고 현실적이며 유용한 생각으로 바꾸어야 우리의 삶이 편

# 인지적 오류의 종류

**흑백 논리 혹은 이분법적 사고**dichotomous thinking

전부all 아니면 전무none 라는 식의 사고로, 극단의 두 선택지만 있다.

예) "나를 칭찬하지 않는 사람은 나를 싫어하는 사람이다."

**과잉 일반화**overgeneralization

몇 번의 경험을 마치 전체인 양 일반화한다.

예) "당신은 한 번도 내 말을 들어준 적이 없잖아!"

**임의적 추론**arbitrary inference

타인의 말과 행동을 정확한 근거 없이 원인을 추론한다.

예) "나를 짜증 나게 하려고, 방문을 쾅 닫은 거야."

**파국화**catastrophizing

걱정스러운 한 사건을 지나치게 과장하여 최악의 상황을 생각한다.

예) "내 삶은 완전히 끝났어." "당신이 내 삶을 망쳐놓았어!"

**선택적 추상화**selective abstraction

전체 맥락보다는 한 부분만을 선택해서 받아들인다.

예) "결국 그 얘기는 나를 욕하기 위해서 한 거야."

**개인화**personalization

자신과 관련 없는 외부 사건인 경우에도 원인을 자기 자신에게서 찾는다.

예) "저 사람이 기분 나쁜 것은 나 때문일 거야."

**낙인labeling**

한 번의 행동이나 부분적 특성을 가지고 자신이나 타인을 부정적으로 규정한다.

예) "나는 실패한 인간이야."

**인지 협착tunnel vision**

다른 가능성을 배제한 채 한 가지 측면만 보려 한다.

예) "우리는 한 번도 좋게 지낸 적이 없어." "유일한 해결책은 자살이야."

해진다.

사실 많은 내담자는 상담실을 찾기 전에 이런저런 노력을 하다가 아무리 해도 문제가 해결되지 않아 무력감에 압도되었을 때 찾아온다. 가연 역시 마지막 수단이라 생각하며 찾아왔다. 가연은 자신을 화나게 하는 상황과 사람 등 모든 것을 통제할 수 없어서 엄청나게 막막했을 것이다. 그런데 자기 생각을 바꾸면 그에 따라 느끼는 감정이 달라질 수 있다는 사실을 아는 것만으로도 가연은 기대감이 생겼다.

## 합리적 신념이 주는 안정감

엘리스는 우리의 마음을 힘들게 하는 감정 이면에 비합리적 신넘이 있다고 했다. 그래서 비합리적 신념을 합리적 신념rational belief으로 바꾸는 것이 중요하다고 말한다.

합리적 신념이란 무엇일까? 앞에서 언급했듯 논리성, 현실성, 유용성이 빠진 생각이 비합리적 신념이라면, 이 세 가지의 기준에 적합하면 합리적 신념이다.

구체적으로는 '~해야 한다'라는 당위적 생각을 '~하고 싶다', '~하면 좋겠다' 하는 소망의 생각으로, '모든', '항상/언제나', '절대'라는 표현이 들어가는 극단적 생각을 '그럴 수도 있지', '아닐 수도 있지'와 같은 보다 유연한 생각으로, 자신에게 도움이 되지 않는 생각을 도움이 되는 생각으로 바꾸는 것이다.

**편의점에서**
알바생이 웃는 얼굴로 맞이해주면 좋겠다.
알바생이 자신이 할 일을 제대로 하면 좋겠다.
나는 덜렁대지 않으면 좋겠다.

**호텔에서**
순서대로 안내를 받으면 좋겠지만, 그렇지 않을 수도 있다.
실수했을 땐 사과를 하면 좋겠다.
내 마음을 이해하지 못하는 사람도 있다.

이처럼 편의점과 호텔 식당에서 경험했던 비합리적 생각을 바꾸어보면서 가연은 나와의 상담 시간에 비합리적 신념을 합리적 신념으로 수정하는 연습을 반복했다. 물론 아무리 연습해도 유사한 경험과 마주할 때면 비합리적 신념 때문에 종종 힘들어했다. 오랜 시간에 걸쳐 만들어진 신념이 한 번에 바뀌지는 않는다. 가연도 비합리적 신념으로 인해 파괴적 결과를 맞이한다는 것을 머리로는 알게 됐지만, 오랜 시간에 걸쳐 자리 잡은 사고방식을 바로 변화시키기란 쉽지 않았다.

그러나 꾸준히 운동하면 근육이 생기듯 반복해서 끈질기게 연습하다 보면 합리적 신념으로 바뀐다. 다행히 조금씩 가연에게는 생각과 감정의 브레이크가 생겨나기 시작했고, 즉각적으로 분노를 폭발하는 사건이 점차 줄어들었다.

비합리적 신념은 자신이나 타인 모두를 괴롭힌다. 왜냐하면 그 신념이 논리적이지도 못하고 현실적이지도 못해서, 세상의 누구라도 그 기준을 충족시키기란 쉽지 않기 때문이다. 행여나 가족과 지인이 기준에 부합한다고 해도 즐겁거나 기쁘지 않다. 당연하다고 생각하기 때문이다. 또한 기준을 충족하지 못하는 대부분의 상황에서는 자신이나 상대방에게 비난을 퍼붓고, 화를 내게 된다. 이런 상황이 반복되면 타인과 관계 맺기가 힘들어지고 우울감으로 발전하기도 한다.

하지만 합리적 신념은 다르다. 소망이란 충족되면 좋고 기쁜 일이고, 충족되지 못하면 슬픈 일이다. 슬픔은 우울과 달라서 시간이 지나면 자연스럽게 극복될 수 있다. 그 감정에 크게 압도되지 않아 자신이나 타인을 수용할 수 있다.

# 울어도, 화내도 괜찮아

상담을 끝낼 때가 다가왔다. 그사이 가연은 더 유연하게 생각하고 다양한 상황에서 좀 더 적절하게 대처하는 힘이 생겼다. 또한 자신을 힘들게 하던 잘못된 생각에 대해서도 제대로 인식하게 되었다. 그동안 가연을 지독히도 괴롭힌 '화는 나쁜 거야, 나는 화를 내면 안 되는 사람이야'라는 생각 말이다. '난 화내면 안 되는 사람이야'라는 생각은 논리적이지 않다. 세상엔 화내면 안 되는 사람과 화내도 되는 사람이 따로 없기 때문이다.

비합리적 사고를 바꿔나가는 연습을 하면서 가연은 자주 눈물을 쏟았다. 그동안 자신을 괴롭혔던 생각을 떠나보내는 데에 만감이 교차했나 보다. 자신에 대한 연민과 안쓰러움이 밀려온 것 같았다.

시간이 지날수록 상담실에서 보이는 그녀의 모습에도 변화가 많았다. 처음 상담실에 왔을 때만 해도 경직돼 있었고, 부정적 감정을 주로 표현했었다. 그동안 자신의 감정을 솔직하게 드러내지 않고 살아왔기에 로봇처럼 어딘가 어색하고 딱딱해 보였다. 상담이 진행될수록 그녀는 분노, 질투, 그 외에 부정적 감정에 대한 허용을 받으며 훨씬 자연스러운 모습이 되어갔다.

특히 그녀는 상담 중에 슬픈 마음이 올라올 때마다 울지 않으려고 애쓰는 모습을 보였었다. 그녀가 왜 눈물을 참는지 살펴보니,

'울면 안 된다'라는 생각이 머릿속에 있었다. 그녀는 자신의 이런 비합리적 신념을 인식하면서 스스로에게 '울어도 돼. 화나면 화내도 돼'라고 말해주었다. 이 말을 하면서 가연은 더 많이 울었다. 그 울음은 슬픔의 눈물이 아니었다. 기쁨의 눈물이었고, 그동안의 고통을 애도하는 눈물이었다.

나는 엉엉 우는 가연을 보면서 함께 눈물을 흘렸다. 그리고 아무 말 없이 휴지를 건넸다. 가연의 우는 모습은 처음보다 훨씬 편안해 보여 안심이 됐다.

가연이 스스로를 괴롭혔던 비합리적 생각은 과거의 경험에서 비롯된 것이다. 많은 아이가 부모의 훈육 과정에서 듣는 말을 여과 없이 진리 혹은 규칙으로 받아들인다. 그러나 성인이 되면 자기 삶의 규칙을 하나씩 되짚어보면서 논리적인지, 현실적인지, 자신에게 유용한지 살펴볼 필요가 있다. 이것은 부모의 삶에서 벗어나 자신만의 삶을 만들어가는 과정이다.

가연은 상담을 통해 배운 A-B-C를 기억하고, 자신을 힘들게 하는 상황과 감정을 느낄 때, 비합리적 신념을 합리적 신념으로 바꾸라는 상담자의 조언을 기억하며 하루하루를 살아가고 있다. 덕분에 지옥 같았던 삶에 여유가 생겼다. 물론 과한 감정 때문에 힘든 순간은 여전히 생긴다. 그때마다 가연은 나와 나눴던 대화를 떠올리며 마음을 다독인다.

"가연 씨, 상담에서 알게 된 내용을 금방 적용하기 힘들 수도 있어요. 힘든 상황이 되면 예전처럼 곧바로 화가 날 수도 있으니, 괜히 자책하지 말아요. '배웠으면 바로 실천해야 해'라는 생각도 비합리적이니까요. 뒤늦게라도 자신의 반응이 비합리적이었다는 생각이 든다면, 그 자리에서 다르게 생각해보세요."

감정에 다른 물길이 깊게 날 때까지는 시간이 좀 더 필요할지도 모른다. 하지만 가연에게는 A-B-C의 비법이 있고, 계속 연습하다 보면 조금씩 나아질 것이다.

그동안 너무 참기만 했다면, 이제는 자신의 감정을 있는 그대로 인정하면서, 상황에 따라 적절하게 감정을 표현하게 될 것이다. 설령 그 감정이 분노일지라도 말이다.

# 내 안의 수치심이
# 부른 화

아내를 때릴 것만 같아요

남일 이야기

남일은 이제 막 결혼 1년 차에 접어든 새신랑이다. 최근 그에게 두려운 일이 생겼다. 사랑스러웠던 아내 민정에게 주체할 수 없을 정도로 심하게 화가 난다는 것이다.

"민정아, 어제 우리 엄마한테 전화 온 거 어떻게 됐어?"

"아! 어제 너무 바빠서 전화를 못 받았어. 내가 오늘이나 내일 중으로 전화드릴게."

"하…… 너 생각이 있는 애야? 엄마가 얼마나 기다리겠어! 어떻게 지금까지 전화를 안 하냐? 너 우리 집 무시하지?"

사실 남일은 한두 마디만 하고 넘길 생각이었다. 그런데 그의 마음과 다르게 입에 모터가 달린 것처럼 잔소리와 짜증이 멈추지 않았다. 그는 자신과는 다르게 자유분방한 아내의 사고방식과 타인을 대하는 태도가 마음에 들지 않았다. 남일은 어른들에게 예의를 잘 갖추며, 타인과의 관계에서도 자신이 손해를 보더라도 상대를 배려하는 성격이라 아내의 태도가 이해되지 않을 때가 많았다.

타인을 배려하느라 힘들 때도 많지만 그게 옳다고 생각하기에 신념대로 하루하루를 버텼다. 결혼 전에는 자신의 신념을 혼자 지키면 됐지만, 결혼을 하니 일심동체라는 배우자가 자신처럼 행동하지 않을 때는 수시로 화가 올라왔다.

한번은 남일의 어머니가 정성껏 반찬을 만들어 보내주었다. 맞벌이하다 보니 둘 다 바빠서 함께 집에서 식사하는 날이 드물었다. 그렇게 시간이 흐르자 어머니가 보내준 반찬이 상해버리고 말았다. 아내 민정은 시어머니의 반찬이 입맛에 맞지도 않았다. 식사할 기회도 적은데, 입맛에 맞지도 않으니 자연스럽게 그 반찬을 꺼내지 않을 때가 많았고 결국 반찬이 상해버린 것이다. 우연히 남일은 민정이, 어머니가 만든 반찬을 버리는 모습을 보게 되었다.

"이거 뭐야? 우리 엄마가 해준 반찬 아니야?"

"응, 반찬이 다 상했더라고."

"대체 어떻게 관리했기에 음식을 이렇게 다 버리니? 너 생각이 있는 애야? 우리 엄마가 고생해서 만든 반찬이잖아. 너무한 거 아니야?"

"내가 젓갈 많이 들어간 김치를 잘 못 먹어."

"그 나이 되도록 반찬을 가려? 그리고 시어머니가 해주면 고맙게 먹어야지, 넌 애가 고마운 줄을 모르냐? 너 우리 엄마 무시하지? 너 아무리 시어머니가 싫고 불편해도 이런 식으로 사람 성의를 무시하면 안 되는 거야!"

남일은 그동안 마음에 담아둔 불만을 쏟아냈다. 자신만큼 어른들에게 깍듯하지 않은 것, 회사에서 늦게 돌아오는 것, 아침 식사를 잘 챙겨주지 않는 것, 또 퇴근 후 집에 와서 일찍 잠들거나 다른 일을 하고, 시부모에게 소홀한 것 등등. 아내가 너무 이기적으로 느껴졌다. 무엇보다 자신을 외롭게 만든다는 생각에 화가 났다. 아내로서 별로 하는 일도 없으면서 자신의 돈만 축내는 것처럼 보였다. 남일의 기준에서 아내 민정의 행동은 이해하기 어려울 때가 많았고, 그때마다 남일과 민정은 말다툼을 벌였다. 알콩달콩해야 할 신혼집은 늘 찬바람이 불었다.

"너 지금 몇 시야? 너무하는 거 아니니?"

"퇴근하려는데 갑자기 일이 들어왔어. 과장님이 끝내고 가라고 해서 어쩔 수 없이 잡혀 있다가 온 거야."

"나 참, 회사 일은 너 혼자 다 하냐? 눈치껏 나와도 되잖아. 결혼했으면 혼자 살 때랑 달라야지. 집안일에 신경 좀 써. 요즘 더 심해진 거 알아? 어제는 집에 들어왔더니 설거지가 그대로 있더라. 게다가 남편이 아직 안 왔는데 자고 있고, 너무한 거 아냐? 피곤해서 먼저 잘 거면 설거지는 하고 자야지. 빨래도 며칠째 밀려 있는 거 알아? 입을 와이셔츠가 없잖아. 네 몸 하나만 챙길 거면 결혼은 왜 했냐? 너, 진짜 이기적이야."

"아니 매번 그런 것도 아니고 바쁘다 보면 그럴 수도 있지. 사람을 왜 이렇게 피곤하게 해? 정말 숨 막힐 것 같아. 여기가 회사도 아니고."

"한두 번 그러다가 습관 되는 거야. 정신 좀 차려. 왜 이렇게 게을러? 근데 잠깐만, 피곤하게 한다고? 내가 네 친구야?"

"휴……."

말이 안 통해 피곤하다는 듯이 한숨을 내쉬는 민정을 보자 남일은 화가 더욱 솟구쳐 주먹을 탁자에 내려쳤다.

"야! 너 정말!"

"아니, 오빠 원래 이런 사람이었어? 왜 그러는 건데! 이렇게 다그칠 때마다 나 정말 무서워. 그리고 너무 답답해! 나 요즘 너무 우울하고 힘들어. 흑흑."

급기야 민정은 울음을 터뜨렸다. 남일은 갑자기 화를 참지 못하고 주먹으로 탁자를 내려친 것에 스스로도 놀랐지만, 민정이 우는 모습을 보자 죄책감이 들었다. 이런 일이 최근 한두 달 사이에 몇 번이나 있었다.

지난번에는 민정과 싸우다가 컵을 던졌다. 남일이 폭력적인 모습을 보일 때마다 민정은 겁에 질렸고, 그녀는 어떻게 해서든지 남일을 진정시키려고 사과부터 했다. 사과를 받고 나서야 남일의 분노는 가라앉았다.

하지만 이렇게 임기응변식으로 대처할 일은 아니었다. 남일 역시 자신이 분노를 조절하지 못하는 모습에 스스로도 당황스러웠고 힘들었기에, 상담을 받아보라는 민정의 제안을 거절할 수 없었다. 아직 결혼한 지 1년밖에 안 된 신혼부부인데, 이러다가는 얼마 지나지 않아 이혼할지도 모른다는 위기감을 느꼈기 때문이다.


## 왜 유독 집에서만 속이 터질까


상담하면서 남일이 결혼 전까지는 분노를 전혀 모르는 사람처럼 살았다는 놀라운 사실을 알게 됐다. 실제로 사귀는 동안 민정은 남일의 폭력적인 면을 전혀 눈치채지 못했다고 말했다. 연애 기간 내내 그는 친절했고, 배려심도 넘치는 착한 남자친구였다.

심지어 대부분 사람이 화를 내는 상황에서도 남일은 화내는 법이 없었다. 한번은 민정과 차를 타고 가는데 앞 차량의 운전자가 신호 대기 중 갑자기 차에서 내려 남일의 차로 다가와서는 운전석 창문을 쾅쾅 두드렸다. 남일이 놀라서 창문을 내리니 상대 운전자는 라이트가 너무 강해서 운전을 못 하겠다며 상향등을 끄라면서 쌍욕을 해댔다.

이런 상황에서 보통의 사람이라면 기분이 나빠서 한바탕 싸움을 벌였겠지만 남일은 연신 "죄송하다"고만 했다. 그러면서 화내는 민정에게는 "저 사람이 기분 나쁜 일이 있나 보지, 이해해주자"라고 웃으며 말했다. 민정은 남일의 반응이 좀 과도하게 비굴해 보였지만, 그가 워낙 착한 남자친구였기에 크게 문제시하지 않고 넘겼다.

그런데 막상 결혼해보니 그가 이해심이 많기는커녕 화가 많다는 사실을 새롭게 알게 됐다. 민정은 뒤통수를 맞은 기분이었다. '사기 결혼을 당한 건가? 어떤 모습이 진짜지?' 집 안과 밖에서 보이는 그의 모습이 상당히 달라서 혼란스러웠다. 말싸움이 격해지면 남일은 물건을 깨거나 주먹으로 벽을 치는 등 물리적인 폭력을 행사했다. 민정은 결혼 생활을 이대로 유지해야 하는지 심각하게 고민이 되었다.

사실 많은 사람이 집 안에서와 밖에서의 모습이 다르다. 집이라는 공간에서는 있는 그대로의 본모습이 나오기 때문이다. 만약 밖에서도 집 안에서처럼 자신의 속내를 편하게 드러내면 사회생활에서 여러 피해를 볼 수 있다. 그 때문에 밖에서는 아무래도 수용받을 수 있는 모습만 보이고, 수용받기 어려운 면들은 어느 정도 숨기며 사는 것이 합리적이다. 때와 장소에 따라 상황에 맞는 가면을 쓴다고 생각하면 된다.

하지만 그 간극이 적당하지 않고 너무 크다면 안과 밖에서 심리적으로 불편하고 힘들어진다. 예를 들어 본인의 감정을 밖에서 극단적으로 모두 차단하면 그것이 두세 배로 강화되어 집 안에서 엉뚱한 사람들에게 터트리게 된다. 또한 밖에서 할 말을 제대로 하지 못하면 자칫 만만하게 보여서 무시를 당할 수도 있다. 집 안과 밖 모두 부정적인 결과를 가져온다.

남일이 바로 여기에 해당했다. 필요 이상으로 밖에서 자신의 화를 억압했기 때문에 집에서 화가 과도하게 터져 나왔다. 단지 결혼 전에는 민정이 집 밖의 사람이었고, 결혼 후에는 집 안의 사람이 됐을 뿐이지 남일 자신이 바뀐 것은 아니었다.

남일은 자신이 가지고 있는 신념과 규칙, 삶의 태도를 상대에게 요구하는 부분에서도 집 안과 밖에서 차이가 났다. 남일은 누구를 만나든지 예의 차리는 것을 중요시하고, 어떤 경우에도 상대를 배려해야 한다고 생각했다. 그래서 밖에서 힘든 일이 있다고 말하는 친구에게는 "힘들겠다", "속상하겠네"라며 공감을 잘 표했다. 그러나 동생과 어머니 등 가족이 힘들어한다면 "네가 조심하지 그랬어!", "네가 어떻게 했기에 그런 일이 생기니?"라는 식으로 질책부터 했다. 이런 반응은 사실 남일이 스스로에게 하는 질책이기도 했다. 자신과 가족을 동일시하기 때문에 벌어지는 상황이었다.

결혼 전에는 자신의 원가족에게 이런 태도를 보였지만, 결혼 후엔 아내인 민정을 그렇게 대하기 시작했다. 흥미로운 점은 결혼 이후론 자신의 원가족에게는 배려하고 예의를 차리는 식으로 변했고, 아내인 민정에게만 날 선 비난과 질책, 심지어는 폭력까지 보인다는 것이다. 남일은 자신이 가지고 있는 삶의 기준을 아내인 민정이 똑같이 따라주기를 바랐고, 남을 배려하고 이해하기를 요구했다. 이러한 기대는 자신의 원가족 문제와 맞물리는 상황에서는 그 강도가 더욱 심했다.

이런 문제는 생각보다 일반적이어서 주변에서 흔히 볼 수 있다. 남일이 특별히 문제가 있어서가 아니라, 상당수의 부부가 겪는 문제다. 다시 말해 신혼 때부터 갈등이 시작되는 이유는 자신이 지켜온 가치나 태도, 기준을 배우자에게 요구하기 때문이다. 또한 상대가 자신의 기준과 가치를 따르지 않을 때, 자기 자신을 무시한다고 해석하기 때문에 갈등은 더 커진다. 자기 방식을 따르지 않으니, 결국 자신을 무시하는 거라고 해석한다. 이 때문에 화가 나서 더 적극적으로 본인의 기준을 상대에게 내세운다. 그렇게 '내가 맞고 너는 틀렸다'는 식의 대화를 하면서 관계에 금이 가기 시작한다.

건강한 부부관계를 유지하려면 무엇보다 상대를 있는 그대로 인정하는 것이 중요하다. 수십 년 동안 서로 다른 환경에서 살아왔기에 부딪히고 안 맞는 부분이 있을 수 있다. 이럴 때 자신과 다른 상대방을 존중하면서 대화를 통해 합의점을 찾아야 한다. 집밖에서 남을 배려하듯이 자신의 배우자를 배려하고 보살피면서 존중하는 태도를 지녀야 한다. 자신의 가치관만 옳다고 생각하고 무조건 강요하면 부부관계는 돌이킬 수 없을 정도로 상처를 입는다. 남일과 민정은 바로 이런 위기 상황을 맞닥뜨리고 있었다.

남일과 상담하면서 한 가지 주목할 점을 발견했다. 남일은 아내가 자신을 무시한다는 생각이 아주 강했다. 민정이 집안일에 소홀한 것과 시어머니의 반찬을 버린 것, 전화를 바로 하지 않는 것까지 모두 자신을 무시해서 하는 행동이라고 결론을 내렸다.

하지만 민정이 집안일에 소홀했던 것은 회사 일이 바빠서였고, 반찬을 버린 건 먹을 시간이 없고 입맛에 맞지 않아서였다. 결코 남편을 우습게 생각하거나 무시해서가 아니라는 걸 제삼자가 봐도 알 수 있었다.

그런데 남일은 왜 자신을 무시한다고 생각하게 되었을까? 바로 수치감shame 때문이다. 내면에 수치감이 있는 경우 어떤 불편한 일이 생기면 상대가 자신을 만만하게 보기 때문이라고 생각한다. 스스로를 부끄럽게 여겨왔기 때문에 다른 사람들도 자신을 무시하는 거라고 생각한다. 남일이 밖에서는 필요 이상으로 관대한 모습으로 지내지만 집에서는 폭발하는 행태를 보이는 이유, 그리고 자기 자신과 원가족에 대해 수치심을 갖게 된 이유를 좀 더 자세히 들여다볼 필요가 있다.

## '절대 아버지처럼 살지 않을 거야'

남일은 집 밖에서 친절하고 예의 바른 모습만 보였기 때문에, 사람들은 그가 원래 화가 별로 없고 순한 사람이라고 여겼다. 그러나 어린 시절의 모습은 전혀 달랐다고 한다. 사실 그는 기질적으로 예민하고 짜증과 화가 많은 아이였다. 조금씩 나이가 들어가면서 화를 밖으로 표현하지 못했는데, 그 이유는 아버지의 폭력 성향 때문이었다.

"제가 화내는 모습을 상상하면 너무 끔찍해요. 저는 '화'를 떠올리면 아버지가 생각나요. 화내는 아버지 때문에 우리 집이 망가졌거든요. 분노는 이 세상에 존재하는 최고의 악이에요."

남일의 아버지는 물건을 던지거나 소리를 지르는 등 거의 매일 화가 나 있었다. 처음부터 아버지가 폭력적인 사람은 아니었다고 남일은 말했다. 원래 작은 사업체를 운영했었는데, 믿었던 친구에게 사기를 당하는 바람에 사업이 완전히 망하고 말았다. 취직하려고 백방으로 알아봤지만, 그마저도 쉽지 않아서 오랜 기간 실직 상태로 있었고, 집에 있는 시간이 많아졌다. 어머니가 대신 나가서 온갖 허드렛일을 하면서 생활비를 벌었고, 아버지는 집에서 술만 마셨다고 한다.

남일과 동생이 학교에서 돌아와도 별 반응 없이 술만 마시던 아버지는 어머니가 일을 마치고 돌아오면 무작정 화를 냈다. 어머니의 표정, 말투, 행동 하나하나를 꼬투리 잡았다. 저녁 식사를 차려도 성의가 없다며, 자신이 실업자라고 무시하는 거냐면서 화를 냈다. 어머니가 조금이라도 웃으면 자신을 비웃는다고 화를 냈고, 조금이라도 인상을 찌푸리면 비난하는 거냐면서 화를 냈다.

이렇게 시작된 싸움은 쉽게 끝나지 않았다. 그때마다 어린 남일은 방으로 도망쳤다. 동생과 함께 도망간 방에서 물건이 깨지는 소리, 서로 소리 지르고 욕하는 소리, 어머니의 비명을 들어야 했고, 그렇게 두려움에 떨며 시간을 보냈다. 어린아이가 견디기에는 무섭고 불안한 환경이었을 것이다.

어린 남일과 동생은 방에서 어머니가 잘못될 것 같은 공포와 죄책감에 괴로워할 뿐, 자신들이 할 수 있는 게 아무것도 없었다고 말했다. 남일의 집안 분위기는 아버지의 폭력으로 인해 늘 살얼음판을 걷듯 긴장된 상태였다.

자주 있는 일은 아니었지만 때로는 남일도 아버지의 화풀이 대상이 되곤 했다. 하루는 아버지가 거실에서 술을 마시고 있는데 마침 그때 남일이 학교에서 돌아왔다. 남일은 아버지가 무서워 인사도 하지 않고 방으로 다급히 들어가려 했다. 그러자 아버지가 집이 떠나갈 듯이 소리를 질렀다.

"이 새끼야, 너도 내가 우습지? 아빠한테 인사도 안 하냐? 내가 집에서 이러고 있으니까, 너도 나 무시하지?"

화가 잔뜩 난 아버지가 야구 방망이를 들고 위협하며 남일에게 무릎을 꿇게 했다. 이전까지는 어머니가 중간에서 말려서 아버지의 폭력을 피할 수 있었는데, 그때는 아버지와 둘뿐이라 피할 방법이 없었다. 어쩔 수 없이 그는 아버지 앞에 무릎을 꿇고 앉았다. 그러자 아버지는 그에게 엎드려 뻗치라고 소리쳤다. 그는 시키는 대로 했고, 그 즉시 야구 방망이로 엉덩이를 셀 수 없이 맞았다. 엉덩이에 피멍이 터졌고 결국 의식까지 잃었다. 그는 그날의 공포를 평생 잊을 수 없다고 말했다. 이날이 아버지에게 가장 심하게 맞았던 날이고, 이보다 덜 심하게 맞았던 날을 따지자면 셀 수 없을 정도라고 했다.

그날부터 분노와 폭력에 대한 증오가 생기기 시작하면서 '난 절대 아버지처럼 살지 말아야지. 화내면 나도 아버지처럼 한심한 사람이 되는 거야'라고 결심했다. 결심은 했지만 사실 남일도 일상에서 종종 화가 났다. 화가 나도 혐오했던 아버지와 똑같은 사람이 되는 것이 끔찍하게 싫었기 때문에 참고 또 참았다.

남일은 매일같이 싸우는 소리로 가득한 집안 분위기에 신물이 났고 집을 떠나고 싶었다. 그는 집을 지옥으로 만든 아버지도, 자식들을 지켜주지 못하는 힘없는 어머니도 싫었다.


'저럴 거면 왜 결혼했을까? 엄마는 왜 이혼을 안 할까? 저렇게 매일 죽일 듯이 미워할 거면 왜 나를 낳았을까? 우리 집은 첫 단추가 잘못 끼워진 집이야. 나는 태어나지 말았어야 해. 우리 집이 너무 창피해. 나는 저렇게 상스럽게 안 살 거야. 무식하게 싸우면서 안 살 거야. 왜 화를 내? 설명하고 이해시키면 되는데?'

남일은 앞뒤 가리지 않고 소리 지르고, 화가 나면 물건을 던지고 때리는 무식한 아버지가 부끄러웠다. 그런 아버지의 아들인 자기 존재까지도 창피했다. 폭력의 유전자가 자신에게도 있을 것 같다는 막연한 두려움이 계속 그를 따라다니며 괴롭혔다.

이때부터 남일은 자기 자신을 경계하게 됐다. 그리고 확실한 인생의 목표를 정했다. '무조건 아버지와 다르게 행동하고 말하며 살겠다'는 거였다.

하지만 아이러니하게도 이런 그의 목표는 그렇게도 혐오했던 아버지처럼 되는 시발점이 되었다. 왜냐하면 화는 무조건 참는다고 해결되는 문제가 아니기 때문이다. 그의 아버지는 화를 적절하게 내지 못한 게 문제였는데, 그는 아버지와 정반대로만 하려고 했다. 그래서 모든 화를 표현하지 않게 됐다. 당연히 적절히 화내는 법을 경험으로 배울 수 없는 상태가 되어버렸다. 화 자체가 문제라고 생각했으므로 내면의 화를 억압했고 무시했다. 마치 순한 양처럼 살려고 애썼다. 그런데 결혼을 하고 나서 자신이 그렇게도 증오했던 아버지 같은 모습을 보이자 너무 두렵고 고통스러웠다.

## 피해자가 가해자가 될 때

남일은 자신이 아버지처럼 아내를 때리게 될까 봐, 수치심과 죄책감이 올라와 괴롭다는 얘기를 계속했다.

"아버지가 엄마를 무식하게 때리는 게 너무 싫고 끔찍했는데, 제가 그런 인간이라니 믿을 수가 없어요. 역시 저한테는 아버지처럼 폭력의 피가 흐르고 있나 봐요. 요즘 같은 날이 계속되면 언젠간 이성을 잃고 꼭 무슨 일을 벌일 것만 같아요."

남일처럼 폭력가정에서 자란 아이가 성인이 되어 가정을 이루면 자신의 부모와 같이 폭력을 행사하거나 희생당하는, 똑같은 전철을 밟는 경우가 있다. 이것을 '폭력의 대물림'이라고 한다.

폭력은 사람과 사람의 관계에서 힘 있는 사람이 자기보다 물리적으로 약한 사람을 힘으로 제압하고 지배하는 수단이다. 놀랍게도 이런 폭력이 가족 안에서 발생할 때는 다음 세대로 전이되는 경향이 있다. 다시 말해 폭력으로 아내를 지배하는 남자 중에는 상당수가 어린 시절 자신의 아버지가 어머니를 학대하는 모습을 지켜본 경험이 있다. 게다가 그들 역시 어릴 때 부모에게 학대를 당한 경우도 많다. 또한 폭력의 피해자인 아내 중에는 어린 시절 아버지의 폭력에 대항하지 못한 채 당하기만 했던 어머니를 보고 자란 딸인 경우가 상당하다.

이처럼 폭력이 대물림되는 이유는 무엇일까? 그것은 우리의 뇌 속에 있다. '거울 뉴런mirror neuron'이라는 신경세포는 다른 사람의 행동을 거울처럼 반영한다. 본래 거울은 자신의 행동을 반영한다. 거울에 비친 내 모습이 팔을 올리면 그것은 내가 팔을 올렸기 때문이다. 거울 속에 내 얼굴이 부었다면, 내 얼굴이 실제로 부은 것이다.

이처럼 거울 뉴런은 타인의 행동을 거울에 비친 내 모습처럼 인식한다. 즉 타인의 행동을 자신의 행동처럼 받아들인다는 의미다. 일례로 영화 속 주인공이 슬프게 울면 거울 뉴런 때문에 자신도 슬픔을 느끼고 울게 되는 식이다. 결국 자녀들이 부모를 따라 하는 것도, 또래들의 말과 행동을 따라 하는 것도 모두 거울 뉴런이 있어서다.

거울 뉴런 때문에 오랜 시간 지켜본 부모의 말과 행동이 우리의 뇌에서는 마치 자신의 말과 행동인 것처럼 자리 잡는다. 물론 대부분의 경우엔 이런 경험을 어릴 적에 했더라도 평소에는 의식적으로 그런 말과 행동을 통제하는 데 대부분은 성공한다. 그러나 감정을 통제할 수 없는 대상에게나 그런 상황에서는 자신이 보고 들은 대로 행동하게 된다.

이런 폭력의 대물림이 유지되는 또 다른 이유는 왜곡된 신념 때문이다. 그것은 폭력을 합리화하는 내면의 목소리다. 자녀들은 부모를 떠나 살 수 없기 때문에, 자신이 목격한 것에 대한 합리적 이유를 찾으려고 한다. 그것이 비합리적이고 왜곡된 이유일지라도

## 우리 뇌 속의 거울 뉴런

거울 뉴런을 발견한 사람은 이탈리아의 신경생리학자 리촐라
티Giacomo Rizzolatti다. 1996년 그는 우연한 기회에 거울 뉴런을
발견했다. 그의 원래 연구 주제는 짧은꼬리원숭이를 대상으로
먹이를 집는 것과 같은 목표 지향적 행동을 할 때 어떤 신경세
포가 활동하는지를 알아보는 것이었다. 이를 위해서 연구진은
원숭이의 신경세포 활동을 관찰하려고 뇌 한쪽에 전기 자극을
꽂아두었다.

실험을 하다가 잠깐 쉬고 있는데, 갑자기 원숭이의 뇌가 반응
하기 시작했다. 원숭이가 뭔가 행동을 했을까 싶어 원숭이 쪽
으로 눈길을 돌렸다. 그런데 원숭이는 아무런 행동도 하지 않
고 있었다. 단지 연구팀원 중 한 명이 원숭이 앞의 그릇에서 음
식물을 집어 드는 장면을 보고 있을 뿐이었다! 그 모습을 보기
만 하는데도, 원숭이의 뇌는 마치 자신이 직접 먹이를 집을 때
와 똑같이 뇌에서 반응을 보인 것이다. 결국 '보이는 것'과 '하
는 것'은 뇌에서 같은 결과를 초래했다. 즉 뇌는 타인의 행동을
거울(자신의 행동을 비춰주는)처럼 처리한다는 사실을 발견했다.
우리는 뇌에 거울 뉴런이 있어 타인과 같이 느끼고 따라 하기
가 가능하다.

말이다. 이유가 없는 것보다는 틀린 이유라도 찾고 싶은 것이 인
간의 본성이다.

　폭력을 당하는 아내들은 남편으로부터 매 맞는 모습을 자녀가
지켜보았을 때 "네 아빠가 나를 너무 사랑해서 그래", "엄마가 아
빠를 섭섭하게 해서 그래"라고 말한다. 어떻게든지 아이가 그 상

황을 이해할 수 있도록 설명한다. 폭력을 정당화하는 이런 왜곡된 설명은 부모 자신의 폭력에도 적용된다. "네가 맞을 짓을 했으니까 아빠가 때리는 거야!", "아까 말을 잘 들었으면 이렇게 맞지는 않았을 거 아니니!" 이런 말을 들으면 아이는 '내가 잘못해서 맞은 거야'라면서 폭력의 책임을 자기 자신에게로 돌린다.

아이의 관점에서는 자신을 키워주는 부모를 극악무도한 인물로 받아들이기보다는 자신이 잘못했다고 생각하는 쪽이 훨씬 더 받아들이기 쉽다. 이 때문에 스스로에 대한 수치심을 키우면서, 더 나아가 자기 자신이나 자녀, 배우자에게도 같은 기준을 들이댄다. 즉 폭력을 정당화하는 것이다.

폭력의 피해자들은 이러한 폭력에 대한 왜곡된 신념과 비합리적 이유, 그리고 그로 인한 잘못된 죄책감을 내면에 가지고 있다. 상담을 통해 이를 씻어주는 것이 중요하다. 이러한 부적절한 사고와 죄책감이 폭력을 허용하게 하고, 결과적으로 폭력을 행사하는 데 힘을 실어주기 때문이다. 남일 역시 자신을 머리끝까지 화나게 만든 아내를 마음 한편으로 원망하고 있었다.


"물론 때리는 사람도 잘못인데, 사람을 벼랑 끝으로 치닫게 만드는 상대방 잘못도 큰 것 같아요. 그래서 민정이가 저를 심하게 화나게 했다는 생각이 들어요. 저를 그렇게 만든 민정이가 너무 미워요."

"남일 씨 얘기를 들을수록 폭력에 대한 원인이 상대방에게 있다는 것처럼 들리네요. 마치 때리게 만든 책임을 상대방에게 묻는 것 같아요."

"아, 사람을 미치게 만드는 사람이 있으니까요."

"미치도록 화가 나더라도 폭력이 아닌 다른 방법으로 갈등할 수도 있어요. 혹시 어릴 적에도 자신이 맞을 만하여 아버지에게 맞았다고 생각하나요?"

"네, 제가 아버지를 화나게 했으니까 맞은 거예요."

"아니요. 세상에 맞을 만한 행동은 없어요. 폭력은 어떤 상황에서도 허용하면 안 돼요. 맞은 건 절대 남일 씨 잘못이 아니에요."

"제가 아버지를 화나게 했기 때문에 그런 거예요. 제가 조금만 예의 있게 말했다면 그러지 않았을……."

"아니에요."


남일은 폭력을 합리화하는 자기 의견을 말했고, 나는 그의 주장을 강하게 논박했다. 공감과 수용이 심리상담의 전부인 줄 알았다면, 상담자가 내담자의 신념에 논박한다는 것이 의아할 수도 있다. 논박은 어떤 주장이나 의견에 대하여 그 잘못된 점을 조리 있게 공격하여 말하는 것이다. 논박은 중요한 심리치료 기법이다. 내담자의 잘못된 행동이 비합리적이거나 왜곡된 신념에 근거할 때 상담자는 이 생각을 변화시키기 위해서 논박을 사용한다.

그가 어려서부터 믿어온 생각은 상당히 견고해 보였다. 대화 끝에 나는 어린 남일을 대변하면서 맞을 만한 행동이 아니었다고 강하게 주장했고, 결국 그는 눈물을 흘렸다. 마음속 깊이 어릴 적 남일이 듣고 싶었던 말, "네 잘못이 아니야"를 들었기 때문이리라.

상담할 때 강하게 논박하는 데는 이유가 있다. 폭력에 대한 잘못된 생각이 완전히 꺾여야 똑같은 잘못을 반복하지 않기 때문이다. 어떠한 상황에서도 폭력을 이해하고 합리화하면 안 된다. 화가 나면 말로써 화를 표현하는 것이 가장 건강한 방법이다.

또한 아이들을 훈육하기 위해서 매를 드는 것도 자신의 화나는 감정을 풀기 위함인지, 아니면 아이의 행동에 변화를 주기 위한 방법인지 사실상 구분하기 어렵다. 아이를 훈육한다는 이유로 폭력을 행사하여 물리적으로 아이를 제압하는 것은 근본적인 행동 변화에 아무런 도움이 되지 않을뿐더러 폭력을 정당화하는 부작용도 있다.

행동의 변화는 자신의 행동에 대한 잘못을 스스로 머리와 마음으로 이해해야만 가능하다. 그러지 않고 물리적으로 제압하는 것은 자신의 행동을 왜 변화시켜야 하는지도 모른 채 부모에 대한 두려움에 압도되어 행동을 멈추는 것에 불과하다. 나중에 부모에 대한 두려움이 사라지면 잘못된 행동이 다시 반복될 수 있다. 문제행동에 대한 이해가 없었기 때문이다.

폭력을 답습하지 않기 위해서는 폭력을 합리화하는 잘못된 목소리를 절대로 허용해서는 안 된다. 다행히 남일은 상담하면서 폭력에 대한 부적절한 죄책감과 잘못된 생각을 내려놓을 수 있었다. 나는 어떠한 상황에서도 폭력은 안 된다는 점을 명확히 했다. 다행히 그 점에 대해서는 받아들였지만 여전히 그는 화를 어떻게 표현해야 할지 다른 방법을 전혀 알지 못했다.


## 구체적이고 단호하게 표현하라


어린 시절 폭력을 보고 자란 사람들은 분노와 폭력을 동일시한다. 부모가 화를 내면서 폭력을 사용한 기억 때문이다. 그래서 폭력을 저지르지 않기 위해 분노를 피하게 된다. 그러다가 꾹꾹 눌러두었던 분노가 터지면 극단으로 치달아 가장 만만한 가족에게 폭력을 사용한다.

'분노는 곧 폭력'이라고 생각하는 사람들은 분노를 달리 어떻게 표현해야 할지 모른다. 폭력을 쓰지 않기 위해 무조건 화를 억누르기만 한 사람은 더욱 그러하다.


"저한테 화를 내라고 하면 아버지가 엄마를 때리던 모습만 생각나요. 아버지처럼 폭발하지 않고 다르게 표현하는 방법이 제 머릿속에는 없어요. 다르게 해보고 싶은데, 어떻게 화를 내야 하는지 모르겠어요."

　그에겐 건강하게 갈등한 경험이 없었기에 집 밖의 사람들에겐 꾹꾹 참는 모습을 보이고, 집 안의 사람들에겐 폭력적인 행동으로 화를 풀었다. 그는 건강한 갈등 경험을 많이 보고 실제로 연습해 보는 과정이 필요해 보였다. 그래서 나는 다양한 관계 경험을 쌓고 간접적으로 다른 사람의 관계를 보고 배울 수 있는 집단상담이 남일에게 적합하다는 결론을 내렸고, 그에게 집단상담을 권했다.

　그는 많은 사람 앞에서 자신이 이성을 잃은 채 폭력성을 드러내게 될까 봐 걱정된다며 못 하겠다고 거절했다. 그러나 개인상담만으로는 다양한 관계 속에서의 갈등을 경험할 수 없고, 관계 패턴을 효과적으로 수정하고 학습하기에도 부족하다는 사실을 그도 스스로 느끼기 시작했다. 결국 남일은 집단상담에 참여하게 됐다.

　집단상담에 참여해서도 남일은 좀처럼 자신의 분노를 표현하지 못했다. 사회에서 보이는 모습처럼 이해심 깊은 착한 사람의 역할만 할 뿐이었다. 나는 집단상담 중에 그가 화를 낼 상황에 부닥쳤을 때, 화를 내보라고 권했다. 그러나 요지부동이었다. 그렇게 시간이 지날수록 남일은 화를 참는 일이 늘어났고, 마침내 참는 데 한계에 도달했다. 집단상담에 참여한 다른 사람들은 남일처럼 예의를 정중하게 차리지 않고 자기감정을 솔직하게 표현했기 때문에 남일이 보기엔 무례한 상황이 수차례 반복되었다.

한번은 이런 일이 있었다. 집단상담에서 남일이 많이 챙겨준 현수라는 친구가 있었다. 자기보다 나이가 어리고 집단에서 적응하기 어려워해서 도움을 주고 싶었던 모양이다. 그래서 남일은 현수가 집단상담 때에 말을 못하거나 사람들에게 비난을 당할 때면 그때마다 따로 연락해서 챙겨주었다.

그런데 집단상담 중에 현수가 남일이 자신을 챙겨주는 것이 부담스럽고, 자신을 약하게 보는 것 같아서 싫다고 말했다. 남일은 망치로 뒤통수를 얻어맞은 것처럼 머릿속이 하얘졌고, 이내 화가 불같이 일어났다. 그는 현수가 배은망덕하고 뻔뻔한 사람으로 보이기까지 했다.

나는 남일에게 그동안 현수에게 마음을 많이 썼는데 정말 속상했겠다며 화난 그의 마음에 공감해줬다. 나의 말을 들은 남일은 고개만 끄덕일 뿐 아무 말도 하지 않고 몸을 부들부들 떨었다.


"저는 남에게 화내고 싶지 않아요. 제 호의를 거절하는 사람도 그 사람만의 자유니까 존중해야죠, 뭐. 그냥 아무 일도 아닌 것처럼 넘어가고 싶어요."

"이미 마음엔 화가 났잖아요. 만약 화가 나지 않았다면 그냥 넘어가도 돼요. 그냥 이해하고 넘어가는 것도 좋은 방법일 수 있고요. 하지만 남일 씨는 늘 이해하고 넘어가느라 문제가 커져서 지금 집단상담을 하는 거잖아요. 지금 여기선 그만 참고 화를 표현하는 연습을 해야지 않겠어요? 그래야 남일 씨의 분노 표현 방법이 다양해지고, 이곳에서 연습한 경험을 통해서 실제 생활에서도 이전과 다르게 표현할 수 있죠. 무슨 말인지 이해했어요?"

남일은 나의 오랜 설득과 화를 표현하고 연습해야 할 필요성에 대해 이해하고는 용기를 내어 난생처음 마음속 분노를 말로 표현했다.

"현수 너는 무슨 말을 그런 식으로 해? 내가 널 언제 무시했다고 그래?"
"뭐 어쩌라고. 나 진짜 네가 그럴 때마다 부담스러워. 그리고 챙겨주고 싶어서 그랬던 거면 끝까지 이해해주던가! 지금 이렇게 화내는 거 보니까 그동안 가식으로 나한테 잘해준 거였네. 자기가 혼자 잘해줄 땐 언제고, 재수 없어 진짜."

간신히 입을 뗀 남일이었지만 공격적인 현수의 말에 그는 눈을 부라리고 거칠게 숨만 내쉴 뿐 그다음 말을 이어가지 못했다. 그러다가 갑자기 손에 쥐고 있던 컵을 현수에게 던지려고 했다. 다행히 주변 사람들이 말리면서 폭력 사태는 발생하지 않았다. 순식간에 상담 분위기는 냉랭해졌고, 장시간 침묵이 흘렀다.
남일은 넋이 나가 있었다. 나는 그에게 화가 난 점에 대해 충분히 그럴 만하다고 공감했다. 동시에 말로 감정을 표현해보자는 메시지를 강하게 전했다. 그러나 남일은 자신이 사람들 앞에서 이성을 잃은 모습을 보인 것 자체에 충격을 받았다며 어떠한 말도 더는 하지 못했다.

그러자 집단상담에 참여한 다른 사람들도 그의 마음에 공감해주며 이 고비를 같이 넘겨보자고, 도와주겠다며 부드럽게 말했다. 그러자 사람들의 따뜻한 마음이 전해졌는지 그가 눈물을 흘리기 시작했다. 화를 낸 그에게 잘못됐다고 말하는 사람이 없었기 때문이다. 자신의 화가 당연한 감정으로 받아들여지다니, 그에겐 매우 신기한 경험이었던 거다. 이전에는 이렇게 분노가 폭발할 때마다 관계를 망친 것 같고, 돌이킬 수 없는 강을 건넌 것 같아서 좌절감에 빠졌었는데, 집단상담 구성원들이 자신을 끔찍하게 보지 않고 감정을 충분히 공감해주니 용기를 얻은 듯했다. 그는 마음에 힘을 얻었는지 한참을 울다가 악에 받쳐서 소리를 질렀다.


"내 마음을 이렇다 저렇다 평가하지 마! 사람 마음을 소중하게 여길 줄도 모르는 이 개만도 못한 새끼야, 나는 진심이었어. 너를 도와주고 싶어서 마음 쓴 거야. 내가 네 엄마야? 어떻게 끝까지 이해해주냐? 마음 써주면 고마운 줄 알아, 이 개새끼야!"


남일이 화나는 자신의 마음을 이렇게 정확하게 표현한 것은 처음이었다. 사람들은 남일이 얼마나 분노를 드러내기 힘들어하는지 잘 알았기 때문에, 이런 모습에 대해 긍정적으로 피드백해주었다. 남일은 계속 얼떨떨해 보였다.

그 후로 몇 주가 지나면서 남일은 자신의 감정을 말로 표현하는 연습을 했다. 처음에는 "좋다", "싫다", "기분 나쁘다", "얄밉다", "하지 마" 등 간단한 표현부터 연습했다. 그리고 집단에서 자기표현을 잘하는 다른 사람들을 보면서 화를 표현하는 방법을 간접적으로 배웠다.

짧은 문장으로 마음을 전하는 게 익숙해지면서 다음 단계로 넘어갔다. "난 지금 너의 말 때문에 화가 났고, 초라한 기분이 든다"처럼 세밀하게 자신의 감정이 불편해진 이유까지 표현할 수 있게 되었다.

실제 아내와의 관계에서도 그는 천천히 감정을 표현하는 연습을 했다. 먼저 아내를 비난하는 말투부터 멈추고, 자기 기분을 솔직하게 표현하라고 알려주었다. 물론 처음엔 예전의 방법이 계속 튀어나와 아내와 말싸움을 하거나 마음이 상하는 순간도 있었지만, 자신의 분노를 수용하다 보니 죄책감은 느껴지지 않았다. 또한 말로 감정을 그때그때 표현하면서 폭력적인 상황으로 이어질 만한 급박한 긴장 상태도 점점 줄어들었다.

무엇보다 옳다거나 틀렸다는 판단보다 자신의 감정을 좀 더 명확한 언어로 표현하면서 건강하게 갈등을 조절하는 법을 배워나 갔다. 이러다 보니 상대방도 남일을 이해하는 기회가 많아졌다. 당연히 부부관계에서도 서로를 이해하는 데 도움이 되었다.

이전까지는 화는 곧 폭력으로 이어지는 공식만 있었다면 점차 자기감정을 표현하는 연습을 반복하면서 매우 큰 생각의 변화가 생겼다. 바로 아버지를 진심으로 이해하고 용서할 수 있게 된 것 이다.

그동안 아버지란 존재를 절대 악이라고 여겼었는데 아버지 또 한 화를 내는 법을 몰라서 그렇게밖에 표현하지 못했다는 걸 이해 하게 되었다. 특히 남일은 아버지의 분노를 이해하지 못했기 때문 에 더 자신의 분노를 외면한 경우였다. 이젠 아버지의 분노를 이 해하면서 자신의 부정적 감정을 더 잘 바라볼 수 있게 되었다.


"제가 이렇게 화를 표현하다 보니까 요즘 들어 아버지의 상처가 이해되더라고요. 아버지는 아무에게도 이해받지 못했던 것 같아서 지금은 그게 참 속상하네요. 아버지가 많이 외로웠겠다 싶어요."


남일은 그동안 분노 자체를 부정했는데 집단상담에서 다른 사 람들에게 자신의 분노를 수용받다 보니까, 아버지의 분노도 그 표 현이 적절했다면 수용받을 수 있었겠다는 생각이 들었다고 말했 다. 덕분에 아버지와 자신에 대한 부끄러움을 씻어낼 수 있었고,

무시당한다는 잘못된 믿음에서도 벗어날 수 있었다고 고백했다. 그는 어릴 적 폭력의 흔적을 지워가는 데 성공했고, 덕분에 화를 외면하지 않고 적절히 감정을 표현하는 건강한 방법을 터득했다.

화가 날 때 현명하게 다스리는 방법은 자기 생각이나 감정을 구체적으로 전달하는 거라는 점을 잊지 말자.

# 약간의 거리를
# 뎄을 뿐인데

쿨한 여자래요

회선 이야기

고등학생인 희선은 좀처럼 꿍하거나 삐지지 않는다. 어떤 관계에서든 상대방을 불편해하지 않았고, 그 누구에게도 서운해하지 않았다. 그래서 친구들로부터 '쿨cool하다'는 소리를 자주 들었다. 쿨하다는 건 무언가를 받아들이는 데에 거리낌이 없고 털털할 때 사용하는 표현이다. 희선은 쿨한 여자, 시쳇말로 '쿨녀'로 불렸다.

한번은 희선과 단짝이었던 미숙이 다른 친구들에게 희선의 욕을 하고 다닌다는 걸 알게 되었다. 하지만 희선은 크게 개의치 않았다. 그러던 어느 날 친한 친구들이 모여 있는 단체 카톡방에 미숙이가 장문의 글을 올렸다.

"윤아야, 희선이 걔 너무 쿨한 척하는 것 같지 않아? 도통 속을 모르겠어. 걔랑은 오래 알고 지냈는데도 친하단 생각이 잘 안 들어. 매일 나만 아쉬운 소리 하고 걔는 나한테 바라는 것도 아쉬운 것도 없어. 그거 말이야, 뭔가 기분이 묘하게 이상해. 내가 과하게 생각하는 건지 모르겠는데, 나만 나쁜 사람 되는 것 같아서 별로 친하게 지내고 싶지 않아. 나만 바보 되는 것 같고, 비참하기까지 해. 내가 이상한 건가? 아무튼 이유는 잘 모르겠는데, 기분이 진짜 묘하게 나빠. 넌 어때?"

사실 미숙은 윤아에게 개인 카톡을 보내려고 했는데, 실수로 희선도 포함되어 있는 단체 카톡방에 올린 것이다. 글을 올리자마자 미숙은 자신의 실수를 알아차리고는 민망했는지 곧바로 카톡방을 나가버렸다.

함께 그 방에 속해 있던 다른 친구들은 희선에게 위로의 말을 건넸다.

"희선아, 괜찮아?"
"희선아, 미숙이 쟤 진짜 웃긴다. 우리 쟤 따돌리자."

희선은 미숙의 카톡을 보고 적지 않게 충격을 받았다. 그러나 내색하고 싶지 않았다. 감정을 드러내어 섭섭하다느니 화가 난다느니 떠들어봤자 얻을 것도 없고, 바뀔 것도 없다는 생각이 들었다. 그래서 이번에도 쿨하게 친구들에게 대답했다.

"뭐 그럴 수도 있지. 미숙이가 평소에 나한테 섭섭한 게 많았나봐. 너희들도 많이 놀랐지?"

이런 일이 한두 번이 아니었다.
한번은 희선이 같은 반 해성과 사귀었다가 헤어진 적이 있었다. 해성이 먼저 사귀자고 다가왔고, 희선은 쿨하게 좋다고 했다. 그러다 불과 한 달도 안 되어서 해성은 희선에게 헤어지자고 말했고, 희선도 별말 없이 동의했다. 친구들은 해성을 가벼운 남자라고 욕하면서 희선을 걱정했지만, 정작 그녀는 크게 신경 쓰지 않았다.

해성이 희선과 헤어지고 한 달도 안 되어서 다른 반 여자아이와 사귄다는 소문이 돌았는데, 해성이 그 여자애와 손잡고 걸어가는 모습을 보았다고 희선의 친구가 전해주었다. 친구들은 이 사실을 희선에게 말해주면서 위로의 말을 건넸지만, 정작 희선은 전혀 힘들어하지 않았다.

"내가 만나보니까, 해성이 걔는 외로움을 잘 못 견디는 스타일이더라. 뭐 그럴 수 있다고 생각해."

친구들은 이런 희선을 쿨하고 대인배라며 칭찬했다. 물론 희선의 속내는 달랐다. 괜찮지 않았다. 마음이 힘들고 속상했다. 하지만 이런 감정을 숨기는 것이 더 편했다. 어느덧 혼자 참는 것에 익숙해져 있었던 탓이다. 또한 어느 정도는 상대방 입장도 이해가 되었다. 그렇게 점점 사사로운 감정에 연연하지 않게 되었다.

이렇게 희선은 감정을 느끼거나 표현하지 않고 넘기는 일에 익숙해졌고 자연스럽게 여겨졌다. 괜찮다고 생각하려고 노력하다 보니 이제 웬만한 일에는 정말 '괜찮다'는 착각마저 들었다.

# 화를 왜 내야 하죠?

희선은 친구들에게 인기가 많았다. 친구들은 그녀에게 고민을 털어놓으면 늘 명쾌하고 깔끔하게 정리된다면서, 상담사가 되라고 말할 정도였다. 그 말을 듣고 처음에는 별생각이 없었지만, 고3이 되어 희망 전공을 써내라는 선생님의 말씀에 심리학과를 적어냈다. 상담사가 되고 싶다는 간절함보다는 딱히 다른 분야에 관심이 없었기 때문이다. 그리고 1년 후 모 대학 심리학과에 진학했다.

고등학교 생활 내내 누구와도 큰 갈등 없이 무난히 지내왔기에, 희선은 대학 생활도 비슷할 거라 생각했지만 예상과 달랐다. 먼저 다가가는 스타일이 아니고, 좋은 것도 싫은 것도 별로 없는 성향 때문에 오는 사람 안 막고, 가는 사람 잡지 않는 그녀에게 대학 생활은 처음부터 쉽지 않았다.

고등학생 때야 하루 종일 한 교실에서 친구들과 함께했기에 자연스럽게 친해질 수 있었지만, 대학은 같은 전공이더라도 수업을 함께 듣지 않으면 만날 수가 없었다. 또 잠깐 만나더라도 그녀가 친하게 지내는 데 별로 관심 없는 사람처럼 보였기에 먼저 다가오는 사람도 없었다.

또한 학생회 일을 하지도 않았고, 동아리에 들어가지도 않아서 본의 아니게 학교에서 혼자일 때가 많았다. 그렇게 존재감 없이 대학 생활을 이어갔고, 같은 수업을 듣는 동기나 선후배들에게 있는 듯 없는 듯한 학생이었다.

그녀는 조금은 외로웠지만, 한편으로는 편하다는 생각도 들었다. 사실 희선은 고등학교 생활 내내 친구들 사이에 둘러싸인 상황이 편하지만은 않았다. 친구들이 희선에게 쿨하다고 말할수록 오히려 자신의 속내를 드러낼 수 없었기 때문이다.

그러던 중 희선에게 친구를 만들 기회가 생겼다. 어떤 수업에서 조별 모임을 하게 된 것이다. 학기 내내 팀별로 자료를 조사해서 제출해야 했다. 희선은 한 학기 동안 이렇게 자주 조별 활동을 하다 보면 사람들과 친해질 수 있을 거라고 내심 기대했다. 하지만 기대는 무참히 짓밟혔다. 말이 거친 선배 때문이었다. 선배는 조별 모임 초반부터 희선을 나무랐다.


"야, 너 자료조사가 이게 뭐야. 신경 써서 다시 해 와. 자료조사 사이트랑 키워드 리스트를 메일로 보내줄 테니까 다시 찾아봐. 내가 저 교수님 스타일 아는데, 이렇게 하면 성적 안 주셔. 기분 나쁘게 생각하지 마. 다 잘해보자고 하는 거니까. 알았지?"

"아…… 네."


선배는 희선에게만 무례하고 냉정했던 건 아니다. 학번이 제일 높다는 이유로 다른 후배들에게도 비슷하게 지적을 해댔다. 순간 이런 피드백을 들어본 적이 거의 없던 희선은 '이 선배 뭐지? 왜 나를 싫어하지? 내가 만만한가?' 하는 생각부터 들었다. 그러나 전처럼 대수롭지 않게 여기며 넘겨버려야겠다고 생각했다.

희선은 나름대로 열심히 자료를 조사해서 보냈다. 그렇지만 선배는 자신의 말에 별 반응이 없는 희선에게 좋지 않은 감정이 쌓였는지, 어떻게든 계속 꼬투리를 잡았다.


"야. 강희선. 너 왜 내 말을 무시해? 또 이렇게 준비해 오면 어떻게 해? 다음 주가 과제 마감인데, 내가 사이트 알려줬잖아. 이게 한두 번이야? 벌써 이 얘기만 네 번째야. 기분 나쁘거나 네가 하고 싶은 게 있음 말을 하던가. 아니 왜 자꾸 그대로인 거야?"

"저…… 그런 거 아닌데요……."


희선은 이 낯설고 불편한 상황을 어떻게 해야 하나 싶은 마음이 들자 저도 모르게 어색한 미소가 지어졌다.


"지금 웃니? 너 솔직히 나 무시하지? 그런 게 아니면 뭔데?"

"저는 어떻게 바꾸라고 하는지 잘 몰라서……."

"뭐? 내가 사이트랑 샘플까지 보내줬잖아. 내가 알려준 게 마음에 안 들고 하기 싫으면 말을 해. 모르겠다니, 거짓말도 정도껏 해라. 그냥 솔직히 말하면 되잖아. 왜 말을 안 하고, 앞에서는 알겠다고 하면서 뒤에서는 씹는 건데?"

"그런 거 아닌데요."

"쌍, 짜증 나네. 웃으면서 사람 엿 먹이지 말라고, 너 진짜 가식적이다."

"……."

그렇게 선배와 희선의 갈등으로 인해 조 모임 분위기가 싹 가라앉고, 분위기가 험악해졌다. 결국 선배는 자리를 박차고 일어났고, 다른 조원들도 하나둘 자리를 떴다. 희선은 꿀 먹은 벙어리가 되어 덩그러니 혼자 남았다. 순간 수치심이 몰려와 도망치고 싶다는 생각만 들었다.

그날 이후로 희선은 조별 모임은 물론이고 그 수업에도 나가지 않았다. 다른 수업에는 참여했지만, 그 외의 시간은 빨리 집으로 돌아와 혼자 방 안에 틀어박혔다. 모든 연락도 받지 않았다. 갑자기 모든 사람이 자신을 비난하고 평가할 것 같다는 생각이 들었다. 슬프고 우울한 감정이 몰려와 괴로웠다. 이런 감정을 그동안 잘 숨기고 살았는데, 왜 이번에는 잘 안 되는지 스스로도 이해하기가 어려웠다.

다른 수업들도 포기하고 학교에 안 갈까 싶었지만, 그럴 수 없어서 겨우 학교에 나갔다. 그녀는 그 선배나 같은 조원들, 그리고 그 수업을 듣던 다른 학생들을 만날까 봐 온통 신경을 곤두세웠다. 이런 자신의 모습이 답답하고 힘들게 느껴졌다. 어떻게 이 상황을 받아들여야 할지, 어떻게 해결해야 할지 몰랐고 하소연할 친구도 딱히 떠오르지 않았다.

고등학생 때는 늘 친구들의 고민을 들어주고 해결해주었던 그녀였지만 정작 자신은 그 누구에게도 고민을 털어놓은 적이 없었다. 자기 문제도 스스로 해결하지 못하면서 과연 상담사가 되는 게 맞을지 절망스러웠다. 그냥 이대로 있다가는 이번 학기를 마치면 휴학한 채 집 안에만 처박혀 지낼지도 모르겠다는 생각이 들자 희선은 모든 게 두려워졌다. 어떻게든 도움을 청해야겠다는 생각에 상담실 문을 두드렸다.

그녀의 첫인상은 차갑고 도도해 보이는 무표정한 얼굴이었다. 무슨 일 때문에 상담실에 오게 됐는지 차근차근 물어보았다.

"얼마 전에 좀 안 좋은 일이 생겨서요. 원래 별문제 없이 살았는데, 이런 적이 처음이라서. 최근에 수업시간에 어떤 선배랑 문제가 생겼어요. 그 선배가 저한테 화가 많이 났는데, 저는 그 선배가 무엇 때문에 화가 났는지 모르겠고, 이해가 안 돼요. 답답해요."

희선은 거의 30분 동안 그 선배와의 갈등에 관한 이야기를 쏟아냈다. 말하는 내용으로 보면 놀라거나 화나는 감정이 드러나야 할 텐데, 그녀의 말에선 전혀 감정이 느껴지지 않았다. 마치 남일을 이야기하듯이, 뉴스에서 기자가 어떤 사건의 객관적인 정보만 전달하듯이 말했다. 정신분석에서 말하는 '감정 분리emotional isolation'처럼 느껴졌다.

감정 분리란 불안과 슬픔, 분노 등 온갖 부정적 감정에 대처하기 위해 사람들이 사용하는 나름의 방어 기제defense mechanism 중하나다. 감정 분리는 자신의 경험에서 감정을 분리하여 자기 자신을 보호하려는 무의식적 수단이다.

나의 경험상 내담자가 자신의 감정에 솔직해질 때 상담이 원활하게 진행된다. 그래서 나는 희선에게 자신이 느끼는 감정에 접촉할 수 있도록 여러 질문을 던지면서 그동안 얼마나 속상하고 화가 났겠냐면서 그녀의 마음을 읽어주었다. 그 덕분에 희선도 조금씩 그때 당시 자신이 느꼈을 감정과 마주하기 시작했다. 무표정이었던 그녀의 얼굴이 조금씩 상기되었고, 말이 조금 빨라지기도 했다.

"혼자서 많이 놀랐겠어요."

나의 이 말을 듣고 희선의 두 눈에 눈물이 맺혔다. 그러면서 희선은 그 선배가 왜 그렇게까지 화를 낸 건지 모르겠다는 말만 반복했다. 어떤 감정이냐고 물으니 희선은 그 선배가 이해되지 않는다고 했다. 흔히 다른 사람들은 이런 상황에서 억울함을 호소하며 힘들다고 표현하거나, 자신을 힘들게 했던 사람을 욕하거나 분노

# 방어 기제의 종류

**감정 분리**emotional isolation

힘들었던 일을 말할 때, 감정을 제외하고 타인의 일처럼 이야기한다.

예) 어린 시절 따돌림을 심하게 당했던 경험을 이야기하는데, 아무런 감정이 느껴지지 않게 객관적 사실만을 나열하기.

**억압**repression

감당할 수 없는 생각과 감정을 자신의 무의식으로 보낸다.

예) 자신을 괴롭히는 시어머니에 대한 분노를 전혀 느끼지 못하는 며느리.

**부정 혹은 부인**denial

위협적 현실을 외면하거나 인정하지 않는다.

예) 사랑하는 자녀가 오래전에 죽었음에도 지금도 여전히 살아 있는 것처럼 방 청소를 하거나 계절에 따라 옷을 사서 옷장에 넣어두는 것.

**투사**projection

자신의 감정과 생각을 타인의 것으로 돌린다.

예) 자신이 화가 나 있음에도 불구하고 상대방이 자신에게 화를 낸다고 생각함.

**전치**displacement

문제의 초점이나 대상을 바꾼다.

예) 직장에서 상사에게 스트레스를 받은 날 집에 와서 가족에게 화풀이한다.

반동형성 reaction formation
불편한 감정과 생각을 정반대로 표현한다.
예) 좋아하는 마음을 있는 그대로 표현하지 않고, 오히려 괴롭
히는 식으로 표현하기.

합리화 rationalization
그럴듯한 이유를 만들어서 결과를 정당화한다.
예) 원하는 학교에 입학하지 못했을 때 "어차피 저 학교는 우리
집에서 멀어서, 붙었더라도 안 갔을 거야."

이지화 intellectualization
감당하기 어려운 자신의 경험을 학문적으로 분석한다.
예) 실연을 당해 힘들어하는 생물학도가 '감정이란 뇌의 신경세
포의 전기적, 화학적 신호일 뿐'이라면서 애써 태연하기.

를 드러낸다. 하지만 희선은 감정을 물어봐도 생각만을 이야기했
다. 아주 오랫동안 직접적으로 힘들다, 화난다, 속상하다, 무섭다
같은 표현을 해본 적이 없기 때문이다.

　　"선배가 희선 씨에게 쏘아붙일 때마다 무척 당황스럽고 불쾌했
을 텐데, 이런 마음을 직접 표현하기는 어려웠어요?"
　　"불쾌한 건 잘 모르겠고요, 저는 사람들이 왜 화를 내는지 이해
가 안 돼요. 그 선배가 저한테 자기를 무시한다고, 싫으면 싫다고
말하라는데, 저는 딱히 그 선배를 싫어하지 않거든요. 그리고 솔

직히 화를 낸다고 뭐가 달라지는지 모르겠고, 조금만 차분히 설명하고 생각하면 상대방 입장이 이해가 될 일인데 왜 굳이 화내야 하는지 진짜 모르겠어요. 솔직히 저는 누가 나한테 화내면 그냥 무시하게 돼요. 입이 딱 다물어지거든요."

대화하면서 희선이 '화'를 비롯한 부정적 감정 자체를 무시하고, 특히 이런 부정적 감정을 드러내는 사람도 무시한다는 것을 알게됐다. 그녀는 굳이 화낼 필요가 없다고 생각하며 살아왔다.

그런데 과연 희선의 생각처럼 분노를 표현하는 것이 불필요한 행동일까? 그렇지 않다. 일상에서 우리는 알게 모르게 서로에게 실수하거나 무례를 범한다. 그렇기 때문에 부당하거나 억울함을 느낄 때나 타인에게 공격을 받는 상황에서는 적절하게 분노로 반응하는 것이 필요하다.

그 이유는 두 가지다. 첫 번째로 분노로 반응하는 것은 자신을 보호해준다. 상대방에게 내가 얼마나 화가 났는지를 표현해야 상대방도 공격을 멈춘다. 물론 이때 분노의 표현은 물건을 집어 던지거나 상대방을 직접 폭행하는 물리적 폭력이어서는 절대 안 된다. '불쾌하다'고 직접 말을 하거나 아니면 얼굴을 찡그리는 표정 같은 비언어적 방식으로라도 전달해야 한다.

두 번째는 상대의 분노에 분노로 반응할 때 역설적으로 상대방과의 소통을 증진할 수 있기 때문이다. 한 사람이 화를 내는 상황에서 다른 사람이 화를 내지 않으면, 화를 내는 사람은 자신의 감정이 무시당했다고 생각되어 더 크게 화를 내기도 한다. 이때 적절하게 같이 화를 내주면 상대의 마음도 조금은 풀어지고, 더 깊은 대화도 가능해진다.

## 좋게 기억하는 것이 편하잖아

희선과 대화할수록 나는 그녀가 부모님과 어떤 식으로 상호작용했는지 궁금했다. 사람을 대하는 방식은 학교나 학원에서 책이나 수업으로 배우는 것이 아니라 가정에서 자연스럽게 학습한다. 부모와 직접적인 상호작용은 물론 부모님 두 분이 부부로서 어떻게 상호작용하는지도 중요하다. 부모님의 상호작용을 관찰하면서 아이들은 그 방식을 내면화하기 때문이다. 특히 갈등 상황에서 분노를 어떻게 다루고 처리하는지는 절대적으로 가정의 분위기가 중요하다.

예상과 달리 희선은 자신의 가정 분위기가 매우 좋았다고 대답했다. 그래서 어떤 점이 좋았는지 물었더니, 싸움이나 불화가 없었으니 화목한 가정이 아니냐고 되물었다. 그녀의 대답은 대부분 구체적이지 않고 피상적이었다. 그래서 좀 더 자세히 물었다. 그렇게 해서 알게 된 희선의 집안 사정은 이랬다.

그녀는 고위급 공무원 아버지와 교사인 어머니의 외동딸로 자랐다. 경제적으로 안정적이었지만 부모님은 맞벌이로 매우 바빴고 딸과 많은 시간을 함께하지 못했다. 희선은 늘 외로웠고, 학교와 학원을 오가면서 혼자 지내는 시간이 많았다. 그러나 부모님을 힘들게 하거나 귀찮게 하지 않으려고 초등학생 때부터 혼자서 뭐든 잘하는 아이였고, 부모님도 그런 희선을 늘 칭찬해주었다.

그렇지만 평소에 사랑한다는 표현을 자주 듣진 못했다. 희선은 부모님 모두 각자 자신의 삶에 바빴다고 했다. 시간이 지날수록 부모님과의 대화는 점점 더 줄어들었다. 알면 알수록 희선의 가정은 의사소통이나 감정적 교류가 부족한 집이었다. 화목한 분위기라기보단 오히려 무관심하고 외로운 분위기에 가까워 보였다. 이런 이야기를 들으니 희선이 고등학생 때는 '쿨녀'로 불리다가, 대학에서 이렇게 어려움을 느끼게 된 것이 충분히 이해되었다.

아이들은 부모와의 정서적 교류 속에서 타인과 소통하고 관계 맺는 법을 배운다. 화가 날 때, 기쁠 때, 힘들 때, 서운할 때 등 각 상황과 감정에 따라 매우 세세하고 구체적인 자신만의 표현법을 구축해나간다. 대부분 사람이 그렇게 마음을 나누는 경험을 통해, 세련되고 적절한 감정표현을 할 수 있게 된다. 안타깝게도 희선은 배울 기회가 없었고, 자신이 느끼는 감정이 무엇인지도 몰랐기에 부정적 감정표현을 무시하게 되었다.

자라면서 희선은 이렇게 조용한 집안 분위기가 당연한 줄 알았다. 하지만 중학생 때 처음으로 친구 집에 놀러 가서 친구네 가족의 모습을 보고 충격을 받았다고 했다. 친구 집에서 가족끼리 식탁에 둘러앉아 함께 밥을 먹으면서 이런저런 얘기를 나누는 모습을 보았다. 희선은 그때 처음으로 자기 집 분위기가 조금은 이상할 수도 있겠다는 생각을 해본 적이 있다고 했다.

사실 그녀도 자라면서 부모님이 자신을 사랑하지 않는 것 같고, 무관심한 것 같아서 속상할 때가 있었지만, 직접 표현한 적은 없었다고 한다. 그러다 보니 점점 감정 교류가 없는 관계가 편하다고 생각했던 거다.

나는 희선에게 부모님 두 분은 사이가 어떤지 물었다. 부부간에도 서로 감정적 교류가 별로 없다고 대답했다. 특별히 싸우지도 않고, 좋아하는 표현도 서로 하지 않는다고 했다. 부모님 이야기를 하다가 희선은 이렇게 말했다.


"제가 기억하는 어린 시절부터 지금까지 부모님은 각방을 쓰고 계세요. 두 분이 직접 대화하는 것을 거의 보지 못했죠. 상대방에게 전할 말이 있으면 쪽지를 써놓거나, 아니면 저를 통해서 전달하셨어요."


희선의 부모님은 정서적 이혼emotional divorce 상태였다. 법적으로 이혼하지 않았지만, 정서적으로는 이혼한 상태를 말한다. 즉 대화도 없고 감정 교류도 없다. 물론 성관계도 하지 않는다. 물리적으로 한집에 살고 있고, 법적으로는 부부이지만 사실 남이나 마찬가지인 상태다. 법적으로 이혼하지 않는 이유는 다양하다. 주변의 시선이나 자신의 체면, 자녀의 혼사, 재산 분할 등 여러 이유가 있다. 정서적 이혼 상태의 부부들은 대부분 각방을 쓰고, 식사를 따로 한다. 어떤 경우는 상대 배우자가 각자 다른 사람을 만나고 사귀어도 서로 간섭하지 않고 살기도 한다.

이런 부모들은 자녀들에게 경제적으로 지원함으로써 부모 역할을 다한다고 생각한다. 그러나 심리적으로 보자면 자녀들에게 치명적인 상처를 주는 셈이다. 가장 가까운 사람들이 가장 나쁜 관계를 맺으며 살아가는 모습은 자녀들에게 관계에 대한 희망과 기대를 접게 만든다.

부부가 정서적으로 이혼하면 자녀에게로 모든 관심과 기대를 쏟는 현상이 나타나기도 한다. 그런데 희선의 부모님은 자신들의 삶이 바빴기 때문인지, 아니면 희선이 스스로 모든 것을 잘 해냈기 때문인지 딸과의 관계도 정서적으로 단절되어 있었다.

이처럼 부모와의 관계에서 정서적으로 어떤 연결감도 경험하지 못한 경우, 대인관계에 문제가 생기기 마련이다. 감정을 드러내봤자 얻을 것도 없고, 바뀔 것도 없다는 생각 때문에 쿨한 척 행동하게 된다. 희선의 쿨한 모습도 이 때문이었다.

# 겉모습과는 전혀 다른 내면을 가진 사람들

정서적으로 이혼한 가정에서 자란 자녀들이 겪는 또 다른 고통은 겉으로 보이는 모습과 전혀 다른 내면 사이에서 느끼는 불일치감이다. 희선의 가정은 겉으로는 아주 좋아 보였다. 아버지는 고위급 공무원이었고, 어머니는 교사였다. 그리고 희선도 일찍 철이 들었고, 공부 잘하고, 친구도 많은, 그야말로 모범적인 딸이었다. 그래서 주변 사람들은 희선의 가정을 부러워했다. 특히 부모님의 잦은 갈등으로 힘들어했던 고등학교 때 친구들은 희선에게 복 받은 줄 알면서 대놓고 부러워하거나 질투했다.

하지만 정작 그녀는 집에서 행복하거나 즐겁지 않았다. 부모 중 누구와도 솔직하게 감정을 터놓고 울고 웃고, 화내고 화해해본 적이 없으니 사소한 부정적 감정조차 견딜 수 있는 마음의 힘이 없었다. 그녀는 중학생 때부터 대인관계가 어려웠다고 고백했다.

겉으로 보이는 모습과 전혀 다른 내면을 가진 이들은 주변의 평가에 예민해진다. 다른 사람이 자신의 진짜 모습을 알면 결국 자신을 싫어하게 될 거라는 생각 때문이다. 특히 바빠 보이고 힘들어 보이는 부모님을 위해서라도 희선은 감정을 감춰야 했다. 그렇게 그녀는 스스로에게 엄격해질수록 타인의 부정적 평가에는 매우 예민해졌다. 차라리 아무와도 엮이지 않은 채 혼자 다니거나 사람들 사이에서 존재감 없는 편이 더 편했다. 대학에서 혼자 지내는 생활로 외로웠지만, 그 외로움에 어느새 익숙해졌다.

중학생 때까지는 타인의 부정적 평가에 예민해서 위축된 아이였던 희선이 고등학교 때 갑자기 쿨녀가 된 이유는 무엇일까? 이사 때문이었다. 중학교를 졸업한 후 다른 지역으로 이사를 하면서 아는 친구가 한 명도 없는 고등학교에 입학했다. 외모도 반듯하고 공부도 잘하는 편이라 같은 반 친구들은 희선에게 관심을 보였다. 사실 그녀는 낯선 사람들과 관계 맺는 것이 어려웠지만, 타인의 부정적 평가가 두려운 나머지 불편한 티를 내지 못했다. 그렇게 자신의 속마음과 생각을 숨겼다. 친구들은 그런 희선을 어느 여고생의 모습과 달라서 신선하고 좋게 보았다.

어쩌면 희선의 삶에서 고등학생 때의 모습이 매우 특이했다고 할 수 있다. 희선이 대학에 와서 겪는 대인관계의 어려움은 중학생 시절을 생각하면 매우 당연해 보인다.

그녀처럼 정서적으로 위축되어 있고 타인의 부정적 평가에 예민하여 사람들과 거리를 두고, 갈등 상황에서 회피하고 도망치는 모습을 회피성 성격이라고 부른다. 물론 그녀의 현재 상태가 장애disorder라는 진단을 내릴 만큼 심각한 수준은 아니지만, 이런 상태가 계속 심각해지면 장애 진단을 받을 가능성이 충분했다. 자신의 감정을 숨기고, 타인의 부정적 감정에 예민해서 사람을 피하는 이런 심리 상태에서 희선은 빨리 벗어나야 한다.

# 회피성 성격 장애avoidant personality disorder
## 진단 기준

타인이 자신을 거부할지도 모른다는 불안감 때문에 사회관계의 억제, 부적절감, 그리고 타인의 부정적 평가에 대한 예민함이 광범위하게 나타난다. 이는 대체로 청년기에 시작되며 다음 중 네 가지 이상의 행동을 보인다.

❶ 비판이나 거절, 인정받지 못함 등으로 사람을 만나야 하는 직업 활동을 회피한다.

❷ 자신을 좋아한다는 확신 없이 사람들과 관계 맺는 것을 회피한다.

❸ 수치를 느끼거나 놀림 받는 데 대한 두려움 때문에 친근한 사람들 외에 다른 사람을 만나지 않는다.

❹ 사회적 상황에서 비판의 대상이 되거나 거절당하는 것에 대해 집착하듯 예민하게 군다.

❺ 부적절감으로 인해 새로운 대인관계를 맺는 데 어려움을 겪는다.

❻ 자신을 사회적으로 부적절하고, 개인적으로 매력이 없는, 다른 사람에 비해 열등한 사람으로 인식한다.

❼ 당황하는 인상을 줄까 봐 어떤 새로운 일에 관여하는 것을, 혹은 개인적인 위험을 감수하는 것을 마지못해서 한다.

# 내가 모른 척했던 내 안의 분노

회피성 성격에서 벗어나려면 어떻게 해야 할까? 좋은 감정은 물론 내 안의 부정적 감정도 표현할 수 있어야 한다. 그런데 타인의 부정적 평가에 예민해서 사람을 피하는 사람들에게 부정적 감정을 표현해야 한다고 말하면 다들 어리둥절한 표정을 짓는다.

그들의 반응을 잘 생각해보면 충분히 이해할 수 있다. 나름대로 열심히 준비한 자료에 대해서 희선의 선배처럼 기분 나쁘게 지적한다면, 그 누구라도 감정이 상하는 건 당연하다. 그런데 이 같은 갈등 상황은 희선이 통제할 수 없는 일이다. 세상을 살면서 이런 상황이 없다면야 얼마나 좋을까 싶겠지만, 살면서 불쾌한 일은 언제든 일어날 수 있다. 그때 희선이 부정적 감정을 적절하게 표현했다면 어땠을까? 당장엔 선배와의 갈등이 커질 수도 있지만, 선배가 희선을 함부로 대하는 일은 멈출 수 있었을 것이다.

그러나 희선은 어떤 불쾌함도 알아차리지 못했고, 표현하지도 않았다. 이러면 오히려 상대방의 감정을 더욱 자극하는 꼴이 된다. 화내는 사람이 무시당한다는 느낌을 받기 때문이다. 이렇게 선배의 증폭된 분노는 결국 희선의 뜻 모를 미소 때문에 폭발했다. 희선뿐 아니라 누구라도 평소 자신의 감정을 정확하게 인식하고 적절하게 표현하지 않으면 이런 일이 벌어질 수 있다. 왜냐하면 은연중에 의도하지 않은 표정이나 말투로 감정이 표현되기 때문이다.

나도 모르는 사이에 감정은 어떻게라도 표현되고 전달된다.

회피성 성격에서 벗어나기 위해 부정적 감정을 표현해야 하는 또 다른 이유가 있다. 부정적 평가를 받지 않으려고 사람들을 피하다 보면, 부정적 평가에 대한 두려움과 공포가 점점 더 커지기 때문이다. 부정적 평가를 받을 걸 미리 생각하고, 용기 있게 감정을 표현하면 당연히 예상했던 만큼의 부정적 평가를 경험한다. 이렇게 예상했던 부정적 평가를 듣다 보면 생각보다 '별거 아니구나!'라는 것을 안다. 또한 생각보다 사람들이 자신에게 별 관심이 없다는 것도 알게 된다. 즉 회피성 성격은 타인의 부정적 평가가 지속적일 거라고 생각하지만, 사실상 부정적 평가를 지속하는 것도 큰 관심과 애정이 있어야만 가능하다. 대부분은 그저 지나가는 말로 욕 한마디씩 하고 잊어버린다.

희선처럼 오랜 시간 부정적 감정을 숨기고, 느끼지 않으려고 살았던 사람이 부정적 감정을 표현하는 데엔 큰 장애물이 있다. 바로 자기 안에 부정적 감정이 있다는 것을 인정하지 않으려 한다는 점이다. 희선도 그랬다. 자신은 선배한테 전혀 화가 나지 않았는데, 상대가 일방적으로 화를 낸다고 생각했다.

이처럼 자신의 불쾌감을 스스로 인정하지 않으면, 어떻게 부정적 감정을 표현하겠는가! 따지고 보면 선배와의 갈등 상황에서 더 크게 화가 났던 사람은 선배가 아니라 희선이었다. 그 선배는 사람을 가리지 않고 누구에게나 거칠게 말하는 사람이다. 특별한 감정이 없어도 그렇게 말하는 스타일인 거다. 반면 누구에게나 친절하고, 고등학교 시절 내내 주변에서 좋은 평가만 들었던 희선에게는 그 선배의 말투와 행동에 충분히 불쾌한 상황이었다. 하지만 희선은 오랜 시간 자신의 부정적 감정을 숨기고 살았기 때문에 자신의 화를 알아차리지도 못했고, 인정하기도 어려웠다. 그래서 자신의 감정을 선배에게 투사한 것이다.

투사란 자신을 보호하기 위한 방어 기제의 일종으로, 자신의 감정과 생각을 타인의 것으로 착각하는 것을 말한다. 이런 면에서 회피성 성격은 투사의 결과물이다. 사람들이 자신을 불편하게 여긴다고 생각해서 힘들어하지만, 정작 사람들을 불편하게 여기는 사람은 상대가 아니라 본인 자신이다. 사람들이 자신을 싫어하는 것이 아니라 자신이 사람들을 싫어하는 것이고, 사람들이 자신을 미워하는 것이 아니라 자신이 사람들을 미워하고 있으며, 사람들이 자신에게 화를 내는 것이 아니라 자신이 사람들에게 화가 난 것임을 인정해야 한다.

## 감정을 표현하면서 달라진 것들

어떻게 하면 자신에게 부정적 감정이 있다는 사실을 인정하고 받아들일 수 있을까? 그녀에게 필요한 건 무엇보다 공감과 수용이었다.

나는 그녀에게 충분히 화날 수 있는 상황이라고 스스로 이해할 수 있게 도왔다. 처음에 희선은 내가 공감하는 것을 받아들이기 힘들어했다. 내가 몇 번이고 반복해서 그런 상황에 누구든 화가 날 수 있다고 이야기하자 그녀는 자신의 부정적 감정을 조금씩 받아들이기 시작했다. 희선은 너무 오랫동안 자신의 감정을 무시하고 외면해왔기 때문에 우선 감정을 인식하는 연습이 필요했다. 그래서 아주 사소한 것부터 좋아하는 것과 싫어하는 것을 인식하고 느껴보는 연습을 상담 중에 해보았다.

희선은 여러 차례 상담을 거듭하면서 부정적 감정을 인정하고, 드러내기 시작했다. 심지어 나에게도 표현했다. 한번은 내가 그녀의 앞 시간에 있었던 상담을 10분 정도 늦게 끝내는 바람에 약속된 시각보다 늦게 상담이 시작되었다. 그녀는 이렇게 말했다.

"선생님에게 존중받지 못하는 것 같아서 불쾌해요. 앞 시간의 내담자를 더 생각해서 그런가 싶어 서운하기도 하고요."

섭섭한 마음을 표현해서 나는 오히려 기쁘고 놀라웠다. 그녀가 불쾌감을 표현하지 않았다면 나는 계속해서 알게 모르게 그녀에게 실수했을지도 모른다. 왜냐하면 희선 바로 앞에 오는 내담자가 상담 시간이 끝나기 직전에야 속마음을 털어놓는 편이어서 본의 아니게 상담이 조금씩 길어지는 경향이 있었기 때문이다. 나는 희선의 부정적 표현을 들은 다음에 바로 앞 시간 내담자에게 상담 시간을 지켜달라고 다시 한 번 강조했고, 이후로는 희선이 기다리지 않게 더 신경을 쓰게 되었다.

이외에도 그녀가 부정적 감정을 표현했을 때 좀 더 존중받을 수 있도록 신경 썼다. 이후 그녀는 상담에서는 물론 일상에서도 자신이 마땅히 누려야 할 것들을 당당히 요구하게 되었다.

특별히 그녀와 나는 상담에서 희선이 꽤 오랜 시간 꽁꽁 묶어놨던 부모님에 대한 원망, 서운함을 많이 표현하는 데 집중했다. 부모님에 대해 억눌린 감정이 그녀에게는 가장 크고 힘든 감정이었기에, 그걸 풀어놓으면서 그녀는 한결 자유로워졌다. 점차 그녀는 상담실에서만이 아니라 직접 부모님에게 표현하기도 했다. 칭찬이나 애정 표현에 인색한 것에 대해 서운함을 표현했고, 부모님에게 사랑받고 싶었던 마음을 강력하게 전하는 숙제도 해냈다.

처음엔 딸의 말에 그녀의 부모님은 별달리 반응하지 않았다. 그래서 초반엔 크게 낙담했고, 상담실에 와서는 "괜히 표현해서 오히려 더 상처를 받았다"라고 하면서 원망했다. 나는 희선의 감정에 공감하면서 이렇게 이야기해주었다.

"정서적 이혼 상태로 이렇게 오랜 시간을 보낸 두 분이 어떻게 갑자기 딸의 감정에 반응할 수 있겠어요. 부모님이 일부러 표현을 안 한 것이 아니라, 무슨 말을 어떻게 해야 할지 몰라서 반응을 못 했던 건 아닐까요?"

　희선은 시행착오를 거치면서 마음을 표현하는 경험을 쌓아갔고, 상담이 끝나갈 무렵엔 부정적 표현도 매우 자연스럽고 능숙하게 할 수 있게 되었다. 그녀는 여전히 타인의 부정적 평가가 두렵고 힘들다고 했지만, 예전처럼 무작정 피하려 하지는 않았다. 자기 자신도 다른 사람을 미워하기도 하니까, 다른 사람들도 충분히 그럴 수 있다고 생각해보기로 한 거였다.
　이제 희선은 쿨녀와는 거리가 멀다. 쿨하다는 평가를 들으면서 서늘한 마음으로 외롭게 사는 것보다는, 부정적 반응을 얻더라도 자기감정을 표현하는 것이 낫다고 확신하게 됐다. 내 안의 부정적 감정을 마주하는 것이 지금 당장은 힘들더라도 표현하는 것이 더 좋고 행복하다는 걸 알았기 때문이다.

# 정작 내 마음은
# 돌보지 못했다

화가 나면 입을 닫아버려요

성종 이야기

교육학과 3학년생인 성종은 가정 형편이 좀 어려운 편이다. 대학에 입학한 이후로 각종 아르바이트를 해왔다. 그러던 중 대학교 홈페이지에서 근로학생을 선발한다는 공지를 보고 지원했다. 지원자가 여러 명이라는 것을 알고는 떨어질까 걱정했지만, 다행히 합격 통보를 받고 약속 시간에 사무실로 갔다.

그곳에는 함께 일할 다른 학생 한 명도 와 있었다. 이름은 민수라고 했다. 둘은 사무실 조교로부터 업무에 대한 오리엔테이션을 받고 곧바로 일을 시작했다.

초반에는 모든 것이 좋았다. 성종은 자신에게 주어진 일 이상으로 잘 해냈다. 자신의 부족함으로 인해 남들에게 폐를 끼치는 것이 싫어서 몇 번이나 검토해가며 꼼꼼하게 일을 처리했다. 민수가 힘들어하면 먼저 나서서 일도 도와주곤 했다.

처음에는 고마워하는 민수의 모습에 기분이 좋아서 더 그런 면도 있었다. 그런데 점점 성종의 도움을 당연하게 여기는 듯하고, 하기 싫은 일을 자신에게 떠맡기는 기분도 들었다. 어떤 날은 일을 부탁해놓고 자기는 수업 과제를 하거나 핸드폰으로 게임을 하는 모습을 보자 기가 막혔지만 워낙 다른 사람들에게 싫은 소리를 못 하는 성격인지라 그냥 참았다. 성종이 참을 수 있었던 다른 이유는 조교로부터 받는 신임 때문이었다. 조교가 자신의 성실함을 좋게 본다는 사실에 기분이 좋았다. 괜히 분란을 일으키고 싶지 않았다.

"성종아. 넌 앞으로 사회생활 잘할 것 같아. 민수는 자기 할 일만 하는데 말이야."

"아, 저는 당연히 이렇게 해야 하는 줄 알았는데요."

"아니야, 너처럼 열심히 하는 사람도 드물어. 잘하고 있는 거야. 덕분에 나도 여러모로 편해졌어. 일을 잘해주니, 내가 따로 신경 쓰지 않아도 되고 말이야. 고마워."

하루는 조교가 사무실에 없을 때 다른 직원이 성종에게 심부름을 시켰다. 사실 성종이 그 직원의 심부름을 꼭 들어줄 필요는 없었다. 그러나 거절하는 것도 불편하고, 또 마침 시간도 있었기에 알겠다고 했다. 심부름 때문에 사무실을 나갔다가 돌아오니, 그 직원은 자리에 없고 조교만 있었다. 정확한 사정을 몰랐던 조교는 성종을 보자마자 짜증스러운 목소리로 말했다.

"이성종! 자리를 비우려면 나한테 미리 말을 해야지. 시간이 다 돈인데, 너 근로장학금 반만 받을 거야? 똑바로 좀 일하자."

"아, 네……."

그동안 누구보다 열심히 일했기에 무슨 일인지 사정을 묻지도 않고 바로 쏘아붙이는 조교에게 성종은 억울한 마음이 들었다.

'아니, 그동안 내가 얼마나 열심히 했는데, 이유를 물어보지도 않고 어떻게 저렇게 화를 낼 수 있지? 하, 열 받아. 내가 만만한가?'

 성종은 마음을 스스로 다독이며 아무 말도 하지 않고 자리에 앉았다. 성종이 평소 모습과 다르게 굳은 표정으로 앉아 있는 모습에 조교도 당황했는지 성종에게 이후로 별다른 말 없이 업무만 지시했다.

 원래 조교와 개인적인 얘기도 잘하고, 농담도 하는 사이였는데 이날 이후로 조교를 대하기가 껄끄러워지고 눈을 마주치는 것도 불편해졌다. 조교는 아무 일 없었다는 듯이 성종에게 말을 걸었지만, 성종은 왠지 기분이 풀리지 않아 단답형으로 필요한 대답만 했다. 이런 상황을 전혀 모르는 민수가 조교와 스스럼없이 지내는 모습을 보고 있자니 성종은 기분이 더 상했다. 그동안 열심히 했던 자신의 모든 노력이 헛수고가 된 것 같아 억울함이 밀려왔다.

 며칠간 이런 상황이 계속되자 뭔가 이상하다는 것을 눈치챈 조교가 말을 걸어왔다.

 "성종아, 오늘 무슨 일 있어? 왜 그래? 어디 아프니?"
 "아니요. 괜찮아요."

 조교의 질문에 성종은 굳은 얼굴로 대답했다. 성종은 쉽게 기분이 풀어지지 않는 자신에게 짜증이 났지만, 한편으로는 자신이 왜 기분이 상했는지 조교가 알아차릴 법도 한데, 사과 한마디 없이 어물쩍 넘기면서 말을 거는 조교가 이해가 안 되었다. 자신을 만만하게 본다는 생각이 더욱 굳어졌다. 그날 이후로 학과 사무실이 무척 바빠졌다. 며칠 후에 있을 큰 행사를 준비하느라 분주했다. 성종도 자신의 감정을 그냥 꾹 눌러놓은 채로 열심히 일에만 매달렸고, 조교도 별 신경을 쓰지 않는 듯했다.

그렇게 시간이 흘러 행사 당일이 되었다. 준비를 위해서 일찍 학교로 출발해야 했는데, 평소 같으면 함께 사는 어머니가 깨워주셨을 텐데 이날은 어머니가 직장에 새벽같이 출근하시는 날이었고, 알람마저 울리지 않았다. 사실 성종은 며칠 전부터 몸 상태가 좋지 않았다. 하루 이틀 정도 쉬었더라면 금방 괜찮았을 텐데, 무리하게 일하다 결국 몸에 탈이 나버렸다.

늦잠에서 깨어 핸드폰을 보니 조교와 민수의 부재중 전화가 다섯 통이나 와 있었다. 성종은 부리나케 달려 나갔다. 행사는 이미 중반을 넘어서 있었다. 조교와 민수는 뒤늦게 도착한 성종을 기가 막힌다는 얼굴로 쳐다보았다. 하지만 당장 발등에 떨어진 불부터 꺼야 하는 상황이라 조교도 별말 하지 않았고, 성종은 곧장 행사 진행을 도왔다. 행사가 끝나고 사무실로 복귀하자마자 조교가 성종을 불렀다.

"야, 이성종! 너 도대체 뭐 하는 애야? 오늘처럼 중요한 행사에 늦어? 아침에 전화도 안 받고? 네가 주도적으로 준비한 행사에 네가 안 나타나면 나보고 어쩌란 거야? 나랑 민수가 얼마나 힘들었는지 알아?"

　"죄송합니다."

　"죄송? 지금 죄송하다는 말로 이게 해결될 일이니? 지도교수님도 얼마나 화나신 줄 알아? 정말 미치겠네!"

　성종은 너무 억울했다. 일부러 늦은 것이 아니라 며칠 동안 몸이 안 좋았다고, 그러다가 오늘 아파서 못 일어난 것이라고 변명하고 싶었지만 입 밖으로 나오지 않았다. 꿀 먹은 벙어리가 된 듯 입이 꾹 다물어졌다. 그동안 묵묵히 얼마나 열심히 이날을 위해 일했는지 누구보다 잘 아는 조교가 과도하게 흥분해 말하자 너무 화가 났다. 자신의 잘못은 인정하지만, 무슨 일이 있었는지 한마디 이유도 묻지 않는 조교가 원망스러웠다.

　이날 이후로 성종은 사무실에서 뚱한 표정으로 있었다. 말수도 줄었고 조교가 업무를 부탁하면 짧게 대답만 했다. 당연히 조교도 성종을 불편해했다. 그래서인지 조교는 중요한 일이 생기면 성종이 아니라 민수에게 맡기기 시작했다. 물론 민수가 잘 해내지 못했지만, 조교는 일일이 설명해주고 알려주면서 민수가 조금만 잘해도 칭찬했다. 그동안 대충대충 일하던 민수도 조교와 관계가 돈독해지니 더 열심히 일하는 모양새였다. 그 모습을 지켜보니 속에서 더 화가 솟구쳤다. 성종은 점점 사무실이 불편해졌고, 근로학생을 중간에 그만둘까 고민도 했다. 하지만 자신이 지금 근로학생을 포기하면 경제적으로 어려워져서 그만둘 수도 없었다.


## 수동적으로 공격하고 있다고?


　밖에서 불편하게 일하다 온 성종은 집에서도 편하지가 않았다. 그의 어머니는 돈을 아껴 쓰라는 말부터 시작해서 옷 입는 것, 물 잠그고, 화장지 사용하는 것까지 간섭이 심했다. 기말시험이 다가오자 해야 할 공부와 과제가 너무 많아서 밤을 새우는 일이 잦았다. 하루는 성종이 새벽 5시까지 공부를 마치고, 잠시 눈을 붙이려고 침대에 누웠는데 아침 7시가 되자마자 어머니의 잔소리 폭격이 시작됐다.


　"성종아, 밥 먹어! 상 두 번 차리게 하지 말고 빨리 나와. 너는 애가 왜 이렇게 행동이 굼뜨고 부지런하지가 못하니. 빨리 일어나!"
　"……"


　성종은 오전 수업이 없는 날이라 일찍 일어날 필요가 없었다.

하지만 어머니의 잔소리가 그치지 않을 걸 알기에 억지로 몸을 일으켰다. 어제 밤새 못 자서 피곤했지만 굳이 말하지 않았다. 그는 그저 뚱한 얼굴로 식탁에 앉아서 꾸역꾸역 밥만 먹었다.

"성종이 너 이번에 장학금 탈 수 있어? 공부 열심히 좀 해. 이제 임용시험도 준비해야 하는데, 잠도 줄이고 그래야지. 너 지금처럼 나태하면 안 돼."

"제가 알아서 할게요."

"알아서 한다는 놈이 여태 자냐?"

"……."

"그리고 이번 달 전기세가 너무 많이 나왔더라. 불 좀 끄고 다녀. 너 어제도 방에 불 안 끄고 나갔더라. 사람이 말이야, 돈 좀 번다고 돈 무서운 줄 모르면 안 돼. 늘 아껴 써야 해. 알았지?"

"네……."

성종은 어머니에게 밤새 공부했다는 것도, 몸이 엄청 피곤하다는 것도 말하지 않았다. 그저 쉴 새 없이 날아오는 잔소리를 듣고만 있었다. 집안 사정 때문에 근로학생도 그만두지 못하고 열심히 참고 애쓰는 중인데 자신의 사정은 몰라주고 쏘아붙이기만 하니 억울하고 화가 날 뿐이었다. 성종은 자신의 마음을 알아주는 사람이 한 명도 없는 것 같아 불현듯 외로움이 밀려왔다. 유독 세상이 자신에게만 가혹하게 느껴졌다.

성종은 상대방이 화를 내도 웬만하면 대꾸하지 않고 참는다. 그런데 왜 주변 사람들은 계속 화를 내는 것일까? 이유는 간단하다. 말을 안 해서다. 엄밀히 말하면 성종이 어느 정도 원인을 제공하는 셈이다.

조교와의 갈등을 살펴보자. 성종은 조교가 자신을 만만하게 봐서 화를 냈다고 결론을 내리지만, 사실 직장에서 일을 잘하면 칭찬을 받고, 일을 못하면 지적받는 건 당연한 일이다. 또한 성종이 민수보다 일 처리가 빠르고 깔끔하니 당연히 성종에게 일을 더 줬을 뿐이다.

민수는 일 처리가 빠르지는 못해도 자신에게 주어진 일을 시간 내에 끝내곤 했다. 그러니 민수는 칭찬받을 일도 없지만, 혼날 일도 없었다. 성종은 일 처리가 빨라 칭찬도 들었지만, 업무 시간 중 말도 없이 자리를 비웠고 또 중요한 행사에 지각했으니 지적을 듣는 게 당연하다. 조교는 할 말을 했을 뿐인데, 성종이 사무실에서 계속 뚱한 표정으로 앉아 있다가 퇴근할 때 인사도 안 하고 가니 대하기가 어렵고 불편했을 게다.

보통의 사람들은 억울하게 혼이 나고 있다는 생각이 들면 자기변명을 한다. 물론 변명하는 태도 때문에 더 크게 혼날 때도 있지만, 한편으로는 오해를 푸는 순기능도 있다. 반면 성종은 아무 말도 하지 않고 뚱하게 있으니 잔소리를 하거나 혼을 내는 일이 더 많아진다.

어머니와의 관계에서도 비슷하다. 어머니는 아들이 자세히 이야기하지 않으니 아들의 상황을 잘 모른다. 게다가 말을 잘 안 하는 아들의 모습이 자신을 무시하는 것처럼 보이니, 어머니도 감정이 상해서 더 세게 말이 나간다. 결국 성종의 침묵은 어머니의 잔소리를 증폭시킬 뿐이다.

상황만 놓고 보자면 조교나 어머니가 성종에게 너무 가혹하게 대한다고 말할 수 있다. 어쨌든 상대의 지적과 잔소리를 듣는 입장이니 말이다. 하지만 심리학적으로 볼 때 조교와 어머니만 공격적인 것이 아니라, 성종 역시 공격적인 태도를 취하고 있다. 적극적이고 능동적으로 상대방을 괴롭히는 것만 공격성이 아니라, 수동적으로 상대방을 괴롭히는 것도 공격성을 표출하는 방법이다. 이를 가리켜 '수동-공격passive-aggression'이라고 부른다.

미국정신의학회에서 정신 질환을 진단하고 연구하기 위해 'DSM Diagnostic and Statistical Manual of Mental Disorders'이라는 기준을 만들었다. 현재는 2013년 출간된 5판을 사용하고 있다. 사실 1987년에 출간된 3판 개정판까지는 수동-공격이 하나의 성격 장애로 분류되었다.

그러던 중 이것을 성격 장애로 볼 수 있는지에 대한 논란이 생겼다. 왜냐하면 성격 장애라고 이름 붙이려면 소수의 사람이 꾸준하게 보이는 성격 문제여야 한다. 그런데 수동-공격은 다수에게 나타나는 증상이라는 점, 그리고 상황에 따라 나타나기도 하고 나타나지 않기도 한다는 점에서 성격 장애로 보기 어렵다는 의견이 나왔고, 결국 1994년에 출간된 4판부터는 수동-공격이 성격 장애 카테고리에서 빠졌다.

다수의 우리나라 심리 전문가들은 이 결정에 동의할 수 없었다. 왜냐하면 우리나라를 비롯한 동양 문화권에서는 이 특성을 일관되게 보이는 사람들이 있기 때문이다.

그렇다면 구체적으로 어떤 특성을 수동-공격 성격 장애라고 할 수 있을까? DSM 4판에 수록된 연구 진단 기준을 보면 오른쪽과 같다. 참고로 연구 진단 기준이란 정식 진단 기준을 고려하기 위해서나 연구를 위해서 임시로 만든 기준을 말한다.


성종은 사람들이 자신을 공격한다고 생각하지만, 사실 겉으로 드러나는 양상만 다를 뿐 성종도 사람들을 공격하는 셈이다. 다른 사람들이 자신을 화나게 만든다고 생각하지만, 상대의 관점에서 보면 어쩌면 화를 돋우는 사람이 성종일지도 모른다.

성종이 잔소리하는 조교나 어머니를 가해자로 보고, 스스로를 피해자라고 생각하면 결코 이 상황에서 벗어날 수가 없다. 모든 것을 주변 사람의 탓으로 돌리면서 억울해하기만 할 것이다. 자신도 이 상황에 기여하는 바가 있음을, 즉 수동적으로 화를 내고 공

수동–공격 성격 장애passive-aggressive personality disorder 연구 진단 기준

적절한 행위를 요구하는 데 대해 부정적인 태도나 수동적인 저항을 보인다. 성인 초기에 시작되고 여러 방면에서 나타난다. 다음 중 네 가지 이상에 동의한다면 의심해볼 수 있다.

❶ 정규적인 사회적, 직업적 업무 수행에 수동적으로 저항한다.

❷ 다른 사람으로부터 이해받지 못하고 평가받지 못한다고 불평한다.

❸ 부루퉁하고 논쟁적이다.

❹ 권위적인 인물에 대해 비이성적인 비판이나 비난을 한다.

❺ 자신보다 운 좋은 사람들에 대해 질투와 분노를 표현한다.

❻ 개인적인 불운에 대해서 과장되게 말하고 계속 불평한다.

❼ 적대적인 반항과 뉘우침을 반복한다.

격함으로써 자기 자신이 상황을 더 나쁘게 몰아가고 있다는 사실을 인지해야 한다.


## 미안함 속에서 멈춰버린 시간


처음 상담실에서 만난 성종은 나의 질문에 단답형으로 짧게 대

답했고, 거의 웃지 않았다. 첫 만남에서는 주로 조교와 어머니와의 관계에서 자신이 뭘 잘못했는지 모르겠다고만 했다. 그는 상대가 민망하고 기분이 나쁠까 봐 참아주는데, 오히려 사람들은 자신에게 고마워하기는커녕 더 화를 낸다고 말했다.

그동안 많이 억울했겠다면서 성종의 마음을 읽어주고, 동시에 어머니와의 관계에서 자신의 사정을 말하기가 어떤 부분에서 힘들었는지 물어봤는데, 갑자기 성종의 두 눈에 눈물이 고였다.

"아무리 기분이 나빠도 엄마한테는 말을 못 해요. 엄마는 저보다 더 고생하시거든요. 최근엔 식당에서 새벽까지 일하시는데, 그렇게 고생하는 엄마한테 공부하느라 밤을 새웠다고 말하는 게 다 핑계 같고 엄살처럼 보일 것 같아서 말을 못 하겠어요. 엄마는 저보다 더 힘드시니까. 저랑은 비교가 안 되죠."

성종은 특히 어머니와의 관계에서 죄책감을 많이 느끼고 있었다. 성종이 여섯 살 때 아버지가 돌아가신 이후로 어머니는 가정의 생계를 위해 정말 안 해본 일이 없을 정도로 힘들고 바쁘게 살았다. 직업을 몇 차례 바꿨고, 지금은 요양보호사 일을 하면서 밤에는 식당에서 부업까지 하고 있었다.

그가 대학에 입학하기 전까지 외할머니가 성종과 동생을 돌봐주셨는데, 어릴 적부터 "엄마가 너희 때문에 얼마나 고생하는지 알아? 엄마 말 잘 들어야 해. 특히 성종이 너는 첫째니까 동생 잘 챙기고, 형 노릇 잘하고 엄마 힘들게 하면 안 돼. 알았지?"라는 이야기를 귀에 못이 박이도록 듣고 자랐다. 그래서 성종은 어머니와의 관계에서 불편하거나 기분이 나쁠 때도 전혀 내색하지 않았다.

"엄마가 너무 불쌍했어요. 매일 지친 모습으로 퇴근해 집으로 들어오시고, 한숨을 쉬시거나 혼자 우시는 모습을 자주 봤어요. 저렇게 힘들어하시는데 나까지 징징대면 안 되지. 엄마가 하는 잔소리는 다 나 잘되라고 하는 말이니까, 무조건 참고 들어야겠다고 생각했어요."

상담을 지속하면서 알게 된 놀라운 사실이 있었다. 어린 시절 성종은 까불기도 하고 사고도 많이 쳤으며 친구나 동생과도 자주 싸웠던 아이였다는 것이다. 그랬던 성종이 지금 이런 모습으로 바뀐 데에는 결정적인 사건이 있었다.

초등학교 3학년 때 있었던 일이다. 학원 수업이 끝나 어머니가 일하는 식당에 들렀다. 그런데 하필 그때 어머니가 어떤 술 취한 아저씨한테 머리채를 잡히는 모습을 보았다. 어린 성종은 너무 놀라서 그 자리에서 온몸이 굳어버렸다. 주변에 있던 다른 직원들이 술에 취한 손님을 말렸고, 덕분에 성종의 어머니는 간신히 그 자리에서 빠져나올 수 있었다.

그런 정신없는 상황에서 어머니는 서서 그 모습을 보고 있던 성종을 발견하고는 재빨리 집으로 돌려보냈다. 어머니는 집에 와서도 그 일에 대해 성종에게 아무런 설명을 하지 않았고, 그도 역시 눈앞에서 벌어졌던 충격적인 일에 관해 묻지 않았다. 그리고 아무에게도 그날의 일을 이야기하지 않았다. 두 사람 모두 그 일이 없었던 것처럼 지냈다. 그랬더니 마치 꿈을 꾼 것 같고 현실이 아닌 것 같기도 했다.

하지만 성종은 자라면서 그 기억에 계속 시달렸다. 그 당시 자신이 어머니를 위해서 할 수 있는 게 하나도 없었다는 점 때문에 무력감에 휩싸였고 한없이 미안했다. 그래서 더 어머니에게 싫은 소리를 조금도 할 수 없었다. 이렇게 화를 참는 행동이 오랜 시간에 걸쳐 학습되었고, 점점 어머니뿐만 아니라 친구와 동료 등 사회생활에서 형성된 모든 관계에서 일관되게 참는 행동을 보였다.

그렇지만 참는 게 쉽지는 않았다. 작은 일에도 감정이 상했고 마음이 상할수록 입을 더 다물게 되었다. 점점 직접적으로 상대에게 분노를 표현하기보다는 수동적으로 공격하는 태도를 보였다. 그러나 이런 모습이 오히려 주변 사람들에게 더 답답함을 불러일으켰고, 역설적으로 상대방을 더 화나게 했다.

## 말 안 해도 내 마음을 잘 알잖아

상담하면서 내담자들에게 항상 하는 말이 있다. 상담자인 나에게 불편함을 느끼거나 혹은 다른 감정을 느낀다면 언제든지 이야기해달라고 한다. 왜냐하면 상담 장면에서 내담자가 상담자에게 느끼는 감정은 매우 중요하게 다뤄져야 하기 때문이다. 내담자가 삶에서 경험하는 감정과 밀접하게 연결되어 있어서다. 그래서 성종에게도 상담 중에 나의 질문이나 대답이 마음에 들지 않거나 불만이 생기면 언제든 표현해달라고 했다.

상담을 시작한 지 몇 주가 되지 않았을 때, 다음 주에 보자는 나의 인사에 성종은 아무런 대꾸도 없이 쌩하니 상담실을 나갔다. 처음에는 못 들었을 수 있다고 생각해서 그냥 넘어갔는데, 그 후에도 이런 행동이 몇 번 반복됐다. 또한 질문에 대해 잘 모르겠다면서 대답을 피하거나 뚱한 표정을 짓는 일이 많아졌다.

"성종 씨, 혹시 불편한 점 있어요? 상담 내용이나 상담자인 저에게 불만이 있으면 꼭 말씀해주세요."

"아니에요. 그런 거 없어요."

말은 불만이 없다고 하지만, 표정은 불만이 가득해 보였다. 여러 차례 물어도 대답은 늘 한결같았다. 몸이 안 좋아서 그렇다든지, 다른 문제 때문에 그렇다면서 계속 핑계를 대면서도 불만 가득한 모습은 전혀 달라지지 않았다. 말과 행동이 다르니 나 역시 불쾌함을 느끼기 시작했고, 성종에게 잔소리와 비난을 하고 싶다는 생각마저 들었다.

때로 상담자들은 내담자의 주변 사람들이 내담자에게 느꼈을 법한 감정을 똑같이 느끼곤 한다. 이때 만약 감정대로 내담자를 대하면 내담자는 과거의 상처를 반복하게 되므로, 그 감정으로 행동하지 않는 훈련을 받는다. 행동은 하지 않지만 그런 감정을 느끼는 것만으로 내담자의 주변 사람들을 이해할 수 있게 되고, 이는 상담에서 내담자의 문제를 풀어가는 중요한 열쇠로 작용한다.


"조교나 어머니의 마음을 나는 좀 이해할 수 있을 것 같아요."
"네? 무슨 말씀이세요?"


성종은 좀 놀란 눈치였다. 그래서 최근에 느낀 나의 감정을 솔직히 이야기했다. 이미 여러 차례의 상담을 통해 성종도 자신이 상대방에게 수동적으로 공격하는 경향이 있다는 점을 알고 있었기 때문에 이야기는 수월하게 진행됐다.

성종이 조교와 어머니와의 관계에서 보이는 패턴을 상담자인 나에게도 보였다고 알려주면서, 이런 패턴을 변화시키는 방법은 자신의 불편한 감정을 말로 표현하는 거라고 설명해주었다. 그러면서 상담에서 느낀 불만과 불평, 분노의 감정을 드러내보자고 권했다.

그제야 성종은 조심스럽게 자신의 솔직한 마음을 털어놓았다. 상담 초반부터 질문이 불편할 때가 많았다는 것이다. 나의 질문이 자신에게 잘못이 있다고 비난하는 것처럼 느껴졌다고 했다. 예를 들어 조교와 있었던 얘기를 할 때 "직원분이 심부름을 시켜서 밖에 나갔다 왔다고 조교에게 말하는 것이 어떤 점에서 어려웠나요?"라는 질문은 '설명을 안 한 네가 잘못이야. 네가 어려운 상황을 만든 거야'로 들렸다고 한다.

어머니와 있었던 얘기를 할 때도 '네가 어머니한테 말을 해야 해. 그래야 안 힘들어'라고 강요하는 것처럼 느껴졌다고 한다. 본인은 말하기가 너무 어려워서 못한 건데, 마치 상담자가 '할 수 있는 것을 안 하고 있다'라고 몰아가는 것처럼 느껴졌다면서 매우 긴장된 목소리로 그동안 불편했던 마음을 고백했다.

나는 성종이 느꼈을 불쾌한 마음을 충분히 공감해주었다. 그렇게 느낄 수 있다고, 지금이라도 용기 내어 말해줘서 고맙다고 말했다. 그랬더니 성종은 의아한 눈빛으로 쳐다보았다. 상대방이 싫어할 줄 알고 그동안 말을 못 하고 참았는데, 상담자가 오히려 '고맙다'고 하니 이해하지 못하겠다고 말했다.

"상담 선생님이니까 저에게 그렇게 좋게 표현하신 거겠죠? 밖에서 다른 사람에게 이런 이야기를 하면 아마도 저를 싫어할 거예요. 그럼 저는 또 화가 날 거고, 그 화를 표현하다 보면 괴물이 되겠죠."

"물론 다른 사람들은 변명이나 속마음을 들었을 때 기분 나쁘거나 불쾌할 수 있어요. 변명하지 말라면서 더 크게 화를 낼 수도 있죠. 하지만 시간이 지나면 성종 씨의 입장을 이해할 수도 있고, 이해하면 소통할 기회가 생겨요. 당장 불편함을 피하려고 계속 말을 하지 않는다면 오해와 갈등은 걷잡을 수 없이 커져요."

그러면서 몇 주 동안 성종의 수동-공격적인 태도에서 느꼈던 마음을 자세히 전해주었다. 만약 오늘도 끝까지 속마음을 이야기하지 않았다면 더 크게 화가 났을 거라고도 알려주었다. 그 모습이 상대방을 무시하는 것처럼 느껴진다고 이유도 말해주었다. 이 경험을 통해 성종은 자신이 분노를 수동적이고 간접적으로 표현했을 때 상대가 어떻게 느끼는지, 관계가 어떻게 나빠지는지를 정확하게 깨닫는 계기가 되었다.

성종에게는 확실하게 해결되지 않는 마음의 의문이 있었다. 자신이 그동안 참았던 건 어머니에게 화를 낼 수 없었기 때문이고, 만약 자신이 어머니에게 화를 냈다면 지금처럼 참고 말을 안 했을 때보다 어머니가 더 힘들어했을 거라는 점이었다. 그는 자신의 이런 '참는' 모습을 어머니가 좋아한다고 확신하고 있었다.

"선생님은 이런 제 모습이 오히려 상대방을 힘들게 한다고 말씀하시죠. 그런데 저희 엄마는 제가 참는 것을 좋아하세요."

"어머니가 참는 것을 좋아한다는 걸 어떻게 알 수 있죠?"

"제가 어렸을 때 화를 내면 엄마는 제가 아빠 같다고 했어요. 워낙 제가 어렸을 때 돌아가셔서 아빠가 어떤 분인지 기억나지는 않지만, 엄마는 아빠가 늘 화를 내서 힘들었다고 하세요. 그러면서 저보고 화를 내지 말라고 하셨죠. 아빠처럼 살지 말라고요."

"그때는 아버지 때문에 어머니가 너무 힘들었으니 그렇게 말씀하신 것 아닐까요? 지금도 성종 씨가 무조건 참고 힘든 걸 말하지 않기를 바라실까요?"

"지금도 엄마는 여전히 힘드세요. 그러니 아들이 엄마를 위한다면 참기를 바랄 거예요."

그래서 나는 성종과 약속을 하나 했다. 다음 상담 때까지 어머니에게 직접 의견을 묻고 확인하기로 말이다. 성종은 이 과제를 어려워했지만, 자기 생각이 틀렸을 수 있다는 내 말에 스스로도 확인하고 싶어 했다. 그 주에 성종은 어머니와 이 주제로 이야기했고, 어머니로부터 뜻밖의 말을 듣게 되었다.

"엄마, 내가 말 안 하고 입 다무는 게 좋아, 아니면 짜증 내거나 화를 내는 게 나아?"

"속상한 게 있으면 말하는 게 낫지."

"왜?"

"네가 말도 안 하고 그러고 있으면 얼마나 답답한 줄 아니? 차라리 화내는 게 나아. 왜 화가 났는지라도 말해주면 네가 왜 그런지 알 수 있으니까 이해가 될 거 아냐."

"나는 엄마가 내가 말 안 하는 걸 더 좋아하는 줄 알았어."

"그거, 완전 짜증 나고 속 터져. 차라리 화내는 게 더 나아."

성종의 어머니는 아들이 툭하면 삐지거나 대답도 안 하고, 인사도 하는 둥 마는 둥 해서 오히려 무시당하는 것 같은 기분에 더 화가 났다고 말했다. 성종의 예상과 다르게, 그의 행동은 어머니를 더 비참하고 화나게 한 것이다.

그는 상대가 실제로 어떻게 느끼는지 확인하지 않고 혼자 지레 생각하고 판단한 것이 문제였다. 성종은 상대방을 배려하는 자신의 마음이 말로 표현하지 않아도 자연스럽게 상대에게 전달될 거라고 생각했다. 이런 사고방식은 자기중심성egocentrism 때문에 생긴다. 자기중심성이란 타인의 사고, 정서, 관점이 자신과 같다고 생각하는 경향성을 말한다.

일반적으로 가까운 사이가 되면 상대가 자신의 마음을 알고 있음에도 의도를 가지고 무시한다고 생각(착각)하기 때문에 큰 갈등이 일어난다. 왜냐하면 관계가 깊어지면 말하지 않아도 서로를 다 안다고 착각하기 때문이다. 그래서 성인일수록 자신에게 벌어지는 일에 대해서 상대에게 일일이 설명하는 일이 줄어든다.

하지만 상대방은 나와 다른 몸과 마음을 가진 하나의 독립적인 존재이므로, 설명을 듣지 않으면 상대의 내면에서 일어나는 마음 상태를 알 방법이 없다. 남과 내가 다르다는 것을 잊고, 남을 나의 연장으로 생각하는 자기중심성 때문에 소통에 문제가 발생한다. 실제로 상담을 해보면 현재 내담자가 겪는 고민이나 마음의 상태를 그들의 지인들은 잘 모를 때가 많다.

내가 알면 다른 사람도 알 거라고 생각하는 것을 '지식의 저주'라고도 부른다. 심리학자 엘리자베스 뉴턴Elizabeth Newton은 실험을 통해 이를 잘 보여준 적이 있다. 일상에서도 흔히 접할 수 있다. 부모들이 자식에게 공부를 가르치는 것이 힘든 이유도 지식의 저주에 해당한다. 부모는 너무 쉽다고 생각하는데 자녀가 잘 이해하지 못하니 속이 터지는 것이다. 대부분 부모가 정확하게 설명도 안 해주면서 "왜 이것도 모르냐"라고 질책한다.

성종도 지식의 저주에 빠져 있었다. 자신이 상대를 위해서 참는다고 생각했기에 상대방도 이런 자기 마음을 당연히 알아줄 거로 믿었다. 상담을 통해 성종은 자신의 자기중심적인 관점에 대해서

# 지식의 저주

1990년 미국 스탠퍼드대학교의 심리학자 엘리자베스 뉴턴은 한 가지 실험을 진행했다. 두 사람이 한 조를 이루게 한 뒤, 역할을 정하기 위해 두 사람에게 제비를 뽑으라고 했다. 한 사람은 두드리는 자tapper가 되었고, 다른 사람은 듣는 자listener 역할을 맡았다.

실험은 간단했다. 두드리는 자는 연구자들이 미리 준비한 100개 이상의 노래 제목이 적힌 종이를 보면서, 그중에서 하나를 골라 노래의 리듬을 두드리는 것이다. 이 노래는 누구나 들으면 알 만한 노래라서 제대로 들려주기만 한다면 모든 사람이 정답률 100%를 달성할 수 있을 거라고 기대할 정도로 쉬운 거였다. 하지만 노래의 가사나 멜로디 없이 두드리는 리듬만을 듣고 노래 제목을 맞혀야 하기에 어떤 면에선 매우 어려운 게임이었다.

실험을 진행하기 전에 연구자는 두드리는 자에게 실험의 결과를 예측하게 했다. 즉 듣는 자가 어느 정도나 노래 제목을 맞힐지 예상하게 했더니 사람들은 50% 정도는 맞힐 거라고 봤다. 과연 그랬을까? 실제 실험을 해보니 놀라운 결과가 나왔다. 정답률이 50%는커녕 2.5%에 불과했다. 무려 20배나 과대 예측을 한 것이다.

왜 이렇게 과대 예측을 했을까? 두드리는 자는 목록에 적혀 있는 제목을 보고는 누구나 알 만한 노래라고 생각해 쉽다고 판단했기 때문이다. 정답을 아니까 쉽다고 느끼는 것이지, 정작 리듬만을 듣는 사람에겐 도저히 무슨 노래인지 알아맞히기가 너무 어려웠다.

자신은 알고 있으므로 상대도 자연스럽게 알 거라고 착각하는 이런 현상을 '지식의 저주curse of knowledge'라고 칭했다. 한 사람은 알고 다른 사람은 모르는 지식은 오해와 갈등이라는 저주를 불러일으킨다는 의미다.

무언가를 잘 아는 상태가 되면 그것을 모르는 상태를 상상하기 어렵다. "너 그것도 몰라?" 하는 말이 절로 나오는 것이다. 내가 아는 것을 다른 사람도 당연히 알아야 한다고 생각하고, 모르거나 이해하지 못하는 상대를 무시하면 다른 사람과의 소통은 점점 어려워진다. 나에게 당연한 게 다른 사람에겐 당연하지 않을 수 있다는 것을 명심하자.

인식하게 되었다. 상대방은 자신의 마음을 잘 모를 수 있다는, 아니 오해할 수 있다는 사실도 자연스레 받아들였다.

## 표현해야 오해가 쌓이지 않는다

성종도 소통의 필요성을 인지했다. 하지만 오랜 시간 자기 혼자만의 소통 방식에 익숙해져 있어서 처음엔 쉽지 않았다. 특히 성종이 가장 어려워하는 것은 분노 표현이었다.

분노는 관계 속에서 발생하는 감정이기 때문에 분명한 대상이 있다. 그래서 더욱 소통하는 방법을 배워나가야 자연스럽게 관계의 어려움도 해결된다. 분노를 혼자서 참는다고 상대방이 알아주지도 않을뿐더러 해결되지도 않는다.

나는 성종에게 가장 중요한 대상인 어머니와 마주 앉아 진짜 소통을 시작할 수 있도록 상담의 방향을 설정했다. 감정을 나누고 자신의 입장을 밝히는 것이 익숙하지 않은 그였기에 그 과정은 정말 어려웠다. 그래서 간단한 것부터 표현하도록 권했다. 상담하면서 연습했던 것들을 어머니와의 관계에서 적용해보자고 설득했다. 그러던 중 이번 주에 성종은 중요한 과제 때문에 밤늦게 잘 것 같다는 이야기를 했다. 나는 잘됐다 싶었다. 그래서 이번에는 어머니가 아침 일찍 깨우면 지난밤에 공부하느라 밤을 새웠다는 말을 꼭 하라는 숙제를 내주었다. 성종은 알겠다고 답했다.

그다음 주 상담 시간에 성종은 숙제를 잘 해냈는지 이야기를 들려주었다. 아니나 다를까, 어머니는 아침 일찍 성종을 깨웠고, 잔소리가 시작되자 성종은 수십 번을 망설인 후에야 "과제를 하느라 밤을 새웠다"라고 말했다. 그랬더니 어머니는 "밤을 새웠어? 아이고, 그럼 말을 하지. 어서 더 자"라고 말씀하셨단다.

그는 한 번도 어머니와 이런 식으로 대화한 적이 없어서 적잖이 놀랐다고 했다. 그 후에도 여러 번 숙제를 통해 점점 사소한 오해들에 자기 상황을 설명할 수 있게 되었고, 때로는 기분이 나쁘다는 솔직한 마음까지 전할 수 있게 되었다.


물론 성종은 지금도 때때로 자신이 화를 내는 게 어머니를 더 힘들게 하는 일이 될까 봐 걱정이 올라올 때도 있다고 했다. 그러나 그럴 때마다 참기 때문에 오히려 자기 안에 분노가 더 커지고,

오해가 생기고, 관계가 나빠진다는 생각을 떠올렸다. 그리고 어느 정도의 분노는 표현하며 살자고 스스로를 다독였다.

타인의 마음만 생각하느라 정작 자신의 마음은 돌보지 못했던 성종은 점차 그의 삶에 전반적으로 깔린 억울함의 그늘에서 벗어났고, 더는 수동-공격적인 모습은 보이지 않게 되었다.

5
장

# 무뎌지다가
# 무너지고 말았다

살기 싫어요

승원 이야기

승원은 고등학교 3학년이다. 그의 일상엔 불편한 게 참 많다. 날씨, 소리, 냄새, 촉감 등 모든 게 다 거슬린다.

아침 식사도 마음에 들지 않는다. 따뜻한 국 하나 없이, 죄다 어제 먹었던 반찬뿐이다. 어머니가 신경 쓰지 않은 것 같고, 집에서조차 존중받지 못하는 것 같아 비참한 기분이다. 지하철을 타고 학교에 가는 것도 쉽지 않다. 사람이 왜 이렇게 많은지, 온갖 냄새가 나서 구역질이 올라온다. 옆에 앉은 사람은 승원과 가까이 붙어 앉아서 연신 기침을 해대는데, 신경이 쓰여 머리가 터질 것 같다. 아침에 일어나서 학교까지 오기만 하는 데도 에너지가 바닥이 난다. '원래 세상이 이렇게 피곤한 걸까?' 다들 아무렇지 않은 척 잘들 사는 것 같은데 승원은 하루하루가 한없이 버겁기만 하다.

자기 뜻대로 되는 게 하나도 없는 것 같아서 무기력해진다. 하지만 이런 승원의 힘든 마음을 알아차리는 사람이 없다. 엄밀히 말하면 그의 주변엔 사람이 없다. 승원은 집을 제외한 모든 곳에서 철저히 혼자다. 아무도 먼저 그에게 다가오지 않고 승원 역시 친구를 사귀기 위해 적극적인 노력을 기울이지 않는다. 당연히 외로움에 사무친다. 한편으로는 사람들에게서 떨어져 지내는 것이 편하다는 생각도 한다. 승원은 그렇게 하루하루 버텼다.

그러나 최근 들어 더 무기력해졌다. 아침에 침대에서 일어나는 것도 몸을 씻고 단장하는 것도 귀찮고 수업을 듣기도 싫다. 심지어 밥도 먹는 둥 마는 둥이고 그저 하루 종일 누워만 있다. 누워서는

'그냥 차라리 죽고 싶어. 왜 살아야 하지? 나 자신도 싫고, 다른 사람들도 싫어. 앞으로의 인생도 별반 다를 것 같지 않아. 이럴 바엔 차라리 죽는 게 낫겠다' 하고 생각한다.

　승원의 우울은 어제오늘의 일이 아니지만 한 달 전쯤 있었던 일 때문에 증상이 더 심각해졌다. 우연한 기회에 같은 반 현우라는 친구와 몇 번 말을 주고받는 일이 있었다. 혼자 지내는 것이 익숙한 그였지만 누군가 먼저 다가오는 게 그리 싫지 않았다. 마치 삭막한 사막에서 오아시스를 만난 기분이랄까?

　어느 날 쉬는 시간에 승원이 핸드폰으로 웹툰을 보고 있었는데, 현우가 그 옆을 지나가다가 자기도 요즘 재미있게 본다며 관심을 보였다.


　"오. 너도 이 웹툰 알아? 이거 재밌지?"

　"어? 응."

　"혹시 이거 말고 또 재밌는 웹툰 아는 거 있어?"

　"어."

　"오오, 대박. 안 그래도 시험 때문에 스트레스 작렬이었는데, 재밌는 웹툰 있음 알려줘."

　"응. 혹시 이거 본 적 있어?"

　"아니? 이야~ 재밌겠다. 나랑 취향 비슷하네? 다음에도 알려줘."

"응…….."

승원은 현우의 그런 관심이 얼떨떨했지만 이후로도 현우가 자주 다가와줬기에 쉬는 시간에 몇 번 더 얘기도 하고 나중에는 모바일 게임까지 같이하면서 가까워졌다.

현우는 친화력이 좋아서 반에서 인기가 많았다. 승원은 외톨이인 자신과 같이 다니는 현우를 친구들이 어떻게 볼지 신경이 쓰였다. 현우랑 대화할 때마다 주변에서 수군거리는 것 같고 현우가 불쌍한 자신에게 적선하는 것처럼 비칠까 봐 불안했다. 점점 위축됐지만 승원은 그래도 현우와 더 친해지고 싶었다.

그렇다고 적극적으로 먼저 말을 걸거나 다가가지는 못했다. 그저 현우가 먼저 다가오기만을 기다릴 뿐이었다. 승원의 성격 탓도 있었지만 현우가 승원에게 다가가려 할 때마다 민석이 현우를 데리고 다른 곳으로 가버렸기 때문이다. 민석이 자신을 무시하는 식으로 말할 때마다 기분이 상했지만, 한편으론 자신과 같은 성격을 사람들이 싫어하는 걸 직시하게 된 것 같아서 침울해졌고, 그때마다 입을 다물 뿐이었다.

이런 상황이 반복되면서 현우와 대화할 기회가 점점 줄어들었다. 그러던 어느 날 둘의 관계가 명확해지는 사건이 생겼다. 체육시간에 팀을 나눠야 하는 상황이었다. 승원은 어느 팀에서도 자신을 원하지 않는 것 같았다. 그래서 가만히 서 있었는데, 그때 현우가 승원에게 다가와 말을 걸었다.


"승원아, 팀 정했어? 우리랑 같은 팀 할래?"

"어?"


승원은 현우의 제안에 기뻤지만, 현우의 단짝인 민석의 표정이 신경 쓰였다. 하필 그때 민석이 현우에게 귓속말을 했다. 승원은 그 모습이 마치 '저 새끼 축구 못하잖아. 다른 애 데려가자'라고 말하는 것처럼 보였다. 승원은 자존심이 상하고 초라한 기분이 들어 얼굴이 붉어졌다.


"나, 그냥 저 팀이랑 할게."

"아, 그래?"

"응."

"아쉽다. 알았어, 담에 같이 하는 거다!"


결국 승원은 현우와 다른 팀을 하겠다고 결정했다. 이후에도 현우가 여러 번 승원에게 손을 내밀었지만 그때마다 승원은 민석의 눈치를 보다가 매번 현우의 마음을 거절했다.

승원은 이런 일이 있을 때마다 민석이 미웠고 스스로에게도 화가 났으며 자괴감이 들었다. 그래서 방에 들어가 혼자 벽을 치거나 자기 머리를 주먹으로 마구 때렸다. 몰려드는 감정을 감당할 수 없었다.


## 사실은 우울해서 그래요


승원은 이후로 현우와 모르는 사이처럼 데면데면하게 지냈다. 결국 다시 혼자가 됐다. 원래 혼자였지만 현우와의 관계에서 자신이 아무런 노력을 하지 않은 것 같아서 스스로가 한심하게 느껴졌다. 민석에게 이유도 없이 상당한 미움을 받는 것 같아서 억울했고, 자신은 사람들이 싫어하는 유전자를 타고난 것 같다는 생각마저 들어 침울해졌다.


'그래, 나는 혼자인 게 맞아. 어차피 현우랑 친해지면 걔도 결국 나를 싫어하게 될 거야. 차라리 거리를 두는 게 잘된 거야. 상처받지도 미움받지도 않고. 역시 난 이렇게 혼자인 상태가 제일 어울려. 너무 우울하다. 죽고 싶어.'


이 일을 계기로 승원은 학교에 무단으로 결석하기 시작했다. 밥도 먹지 않고, 계속 침대에만 누워 지냈다.

승원의 부모님은 방에 들어가서 이불을 덮고 있는 승원에게 좋

# 주요 우울 장애major depressive disorder 진단 기준

다음 중 다섯 가지 이상이 거의 매일, 연속적으로 2주 이상 나타나고 1, 2항 중 하나는 반드시 포함될 때 진단한다.

❶ 하루의 대부분, 그리고 거의 매일 지속되는 우울한 기분을 주관적으로 보고하거나 객관적으로 관찰된다. 청소년의 경우 예민하고 과민한 기분이 든다.

❷ 거의 모든 일상 활동에 대한 흥미나 즐거움이 떨어지는 현상이 하루의 대부분 또는 거의 매일같이 나타난다.

❸ 체중 조절을 하지 않은 상태에서 현저한 체중 감소나 체중 증가가 일어난다. 거의 매일 뚜렷하게 식욕 감소나 식욕 증가가 나타난다.

❹ 거의 매일 불면이나 과다수면이 나타난다.

❺ 거의 매일 정신운동성 초조나 지체가 나타난다(예를 들어 안절부절못하거나 축 처진 느낌을 주관적으로 보고하거나 객관적으로 관찰이 된다).

❻ 거의 매일 피로감이나 활력 상실이 나타난다.

❼ 거의 매일 무가치감을 느끼거나 과도하고 부적절한 죄책감을 갖는다.

❽ 거의 매일 사고력이나 집중력의 감소, 또는 우유부단함을 느낀다.

❾ 반복적으로 죽음에 대해 생각하거나 구체적 계획 없이 반복해서 자살 생각 또는 자살 시도를 하거나, 자살 수행에 대한 구체적인 계획을 세운 적이 있다.

게 타일러도, 소리를 질러도 대답하지 않자 답답한 마음에 이불을 들추었다. 승원은 울고 있었다. 승원의 부모님은 안되겠다 싶어서 정신건강의학과로 아들을 데려갔다.

승원은 병원에서 '주요 우울 장애'라는 진단을 받았다. 이것은 심각한 우울증을 말한다. 우울은 소위 '마음의 감기'라고 말한다. 감기라고 표현하는 것은 누구나 경험할 수 있기 때문이다. 그런데 승원의 진단명인 주요 우울 장애는 가벼운 감기가 아니라, 심각해서 자칫 목숨도 앗아갈 수도 있는 마음의 병이다.


우울한 사람은 그렇지 않은 사람에 비해 부정적 경험을 크게 느낀다. 보통의 사건도 더 나쁘게 해석하며, 작은 자극에도 매우 크게 영향을 받는다. 우울한 이들은 세 가지 측면에서 특히 비관적으로 생각하는데, 바로 자신과 세상과 미래에 대해서다. 자신을 혐오하고, 세상도 자신에게 적대적이라고 생각하며, 자신의 미래도 비관적일 것이라고 여긴다. 이를 가리켜 '인지삼제cognitive triad'라고 한다.

자신과 세상, 그리고 미래에 대해서 부정적으로 생각하면 자신이 겪는 모든 경험을 부정적으로 해석할 수밖에 없다. 승원도 마찬가지였다. 먼저 민석의 행동에서 거부당한 느낌을 받았다. 또 현우와 멀어진 상황을 마치 자신의 인생이 끝난 것처럼 받아들였다. 세상 모두가 자신을 거절하는 듯 느꼈고, 더는 희망이 없다며 절망감을 느꼈다.

　이렇게 우울감이 심해지고, 모든 것을 부정적으로 해석하기 시작하면 삶에 대한 의욕이 사라진다. 결국엔 스스로 목숨을 끊는 것 외에는 어떤 해결책도 없다는 생각으로 치닫는다. 주요 우울장애를 심각한 병이라고 하는 이유는 이처럼 자살 위험성이 매우 높기 때문이다.


　승원은 자발적으로 찾아온 내담자는 아니었다. 부모님의 손에 이끌려 병원을 찾아간 날 의사는 부모님과 승원을 설득해 입원을 시켰다. 자살 위험성이 높았기 때문이다. 며칠간 병원에 있으면서 약물치료를 통해 어느 정도 안정을 되찾았다. 의사는 퇴원을 시키면서 승원에게 꾸준하게 병원에 와서 항우울제를 처방받아 먹고 심리상담을 받아야 한다고 신신당부했고, 그리하여 상담실에 오게 됐다.

　승원의 첫인상이 기억에 많이 남는다. 어떤 의욕이나 생기도 찾아볼 수 없었다. 그냥 숨이 붙어 있어서 간신히 숨만 쉬는 사람 같았다. 눈 맞춤도 되지 않았고 표정도 매우 건조했다. 가장 시급한 문제는 일상생활이 무너져 있다는 것이었다. 수업 결석 일수가 최근 한 달에 반 이상을 차지할 정도로 일상생활이 유지되지 않았다.


　"요즘 지내는 게 많이 힘들지요?"

"……."

"여기서는 하고 싶은 얘기 뭐든지 해도 돼요."

"그냥 의사 선생님이 가라고 해서 온 거예요. 별로 할 말 없어요."

승원은 상담에도 의욕을 보이지 않았다. 한동안 나는 그가 상담실에 정기적으로 오게 하는 데 애를 먹었다. "너한테 문제가 있어. 그러니까 열심히 치료받아야 해"라고 강요하지 않고, "그동안 마음이 아주 힘들었나 보다. 편하게 하고 싶은 이야기 하러 온다고 생각하면 돼"라면서 지지와 격려를 보냈다. 그렇게 어르고 달래는 과정을 통해 다행히 승원은 점점 마음을 열었고, 상담실에 안정적으로 나오기 시작했다.

상담을 진행하면서 나는 그의 깊은 우울의 원인을 찾는 데 집중했다. 신체적 질병도 그렇듯이 마음의 어려움 역시 유전과 환경의 영향을 받는다. 유전적 이유로 우울에 취약한 사람이 성장 환경과 주변 사람들과의 관계에서 힘든 경험을 하면 우울증을 겪기 쉽다. 실제로 승원 역시 과민해서 우울에 취약한 기질을 타고났는데, 반복되는 관계 실패와 거절 경험으로 심각한 우울 증세로 발전했다. 시간이 흐르자 승원은 사람들에 대한 불신, 그리고 최근 관계에서 겪은 갈등으로 인한 스트레스를 얘기하기 시작했다.

# 우울에 가려진 내면의 분노

"근데 결국엔 제가 다 잘못한 것 같아요."

승원은 한참 이야기를 풀어놓다가도 늘 이렇게 마무리를 지었다. 주변 사람들이 자신에게 잘못했고, 그들이 나빴다고 할 만한 상황에서도 모든 것을 자신의 탓으로 돌렸다. 정신분석의 창시자인 프로이트Sigmund Freud는 우울을 가리켜 '자신을 향한 분노'라고 했다. 이것이 내부로 향하면 자살로 발전할 수 있다. 반면 외부로 향한 분노는 적개심과 살인으로 발전할 수 있다.

내 삶이 내 뜻대로 되지 않을 때 속상하고 화가 나는 것은 정상적인 반응이다. 이런 감정을 에너지로 삼아서 다시 노력하고 애쓰고 도전하는 것은 성공의 밑거름이 되기도 한다. 이런 감정이 무조건 타인을 배척하고 미워하는 쪽으로 가거나, 반대로 자신을 비난하는 쪽으로 가는 극단은 좋지 못하다. 적절한 수준으로 분노와 속상한 감정을 드러내면서, 궁극적으로는 그 감정을 에너지로 승화하는 경험이 필요하다.

오랜 시간 분노의 감정을 자신에게로 돌렸던 승원에게 필요한 것은 우선 자기 안의 분노를 밖으로 표출하는 연습이다. 이에 대해 승원은 이해가 안 된다고 말했다.

"선생님, 저는 어렸을 때 주변 사람들에게 계속 화만 냈던 사람이에요. 그래서 그것 때문에 집에서는 부모님에게, 학교에서는 선생님에게 얼마나 많이 혼났는데요."

"그랬구나. 무슨 일이 있었는지 얘기해줄 수 있겠어?"

사실 어린 시절의 승원은 지금과 무척 달랐다. 많이 다른 정도가 아니라 정반대처럼 보였다. 지금은 분노를 자신에게 돌리면서 무기력에 빠져 있었지만, 불과 3년 전만 하더라도 분노 폭발이 매우 잦은 편이었다. 사실 과민하고 짜증이 많은 것은 아동이나 청소년의 우울 증상이기도 하다.

그런데 승원의 말을 들어보면 과민하고 짜증이 많은 정도가 아니라, 분노라는 감정을 조절하지 못하는 수준이었다. 이 때문에 중학교 2학년 때 처음 정신건강의학과를 방문했다고 한다. 이번에 다녀온 병원이 바로 그때 처음 갔던 곳이라고 했다. 승원의 부모님에게 부탁해서 승원이 중학생 때 받은 진단명을 물어보았더니 '파괴적 기분 조절 부전 장애'라고 답했다.

파괴적 기분 조절 부전이란 감정 조절에 실패하여, 파괴적으로 감정을 표출한다는 뜻이다. 진단 기준에서 볼 수 있듯이 이 증상은 10세 이전에 시작되고, 아동이나 청소년기까지만 진단을 내린다. 그 이유는 이 문제가 경험보다는 유전과 기질적인 이유에 근

파괴적 기분 조절 부전(곤란) 장애disruptive mood dysregulation disorder 진단 기준

❶ 언어(예를 들어 폭언)나 행동(예를 들어 물리적 공격)으로 분노발작을 심하게 반복적으로 표현한다. 이때 상황이나 도발 자극에 비해 강도나 지속 시간이 극도로 비정상적이다.

❷ 분노발작이 발달 수준에 부합하지 않는다.

❸ 분노발작이 평균적으로 매주 3회 이상 일어난다.

❹ 분노발작 사이에도 거의 매일, 하루 대부분의 시간 동안 짜증이나 화를 내며, 이것이 객관적으로 관찰 가능하다.

❺ 증상이 12개월 이상 지속하고, 모든 증상이 없는 기간이 3개월을 넘지 못한다.

❻ 증상이 세 가지 환경(예를 들어 가정, 학교, 또래 집단) 중 두 군데 이상에서 나타나며, 최소 한 곳 이상에서 심하다.

❼ 이 진단은 6세 이상부터 18세 이전에만 부여한다.

❽ 증상이 10세 이전에 시작되어야 한다.

거한다고 보기 때문이다.

그렇다면 이 진단을 받은 아동이나 청소년이 성인이 되면 어떻게 될까? 놀랍게도 승원처럼 심각한 우울증으로 발전하는 경우가 많다. 그래서 DSM에는 파괴적 기분 조절 부전 장애가 우울 장애라는 큰 카테고리에 속해 있다.

파괴적 기분 조절 부전 장애로 진단받은 아동이나 청소년은 조

금만 자신의 마음에 들지 않아도 소리를 지르면서 심하게 화를 낸다. 분노 폭발이 시작되면 눈에 뵈는 것이 없는 사람처럼 행동한다. 물건을 던지고, 고래고래 소리를 지르며 성질을 부리고, 방바닥에 드러눕는 것은 예삿일이다. 화를 내지 않을 때도 매사 불만과 짜증이 가득하다. 이런 분노 폭발은 외견상으로 보았을 때 우울, 무기력과는 상반되는 것처럼 보일 수 있지만, 엄밀히 말하면 우울의 전조 증상이라고 할 수 있다.

승원 역시 어렸을 때부터 분노 폭발이 자주 나타났다. 학교에서 친구와 작은 갈등이 생겨도 소리를 지르면서 울었고, 집에서도 자기 뜻대로 일이 되지 않으면 심하게 화를 냈다. 학교 선생님도, 부모님도 승원의 이런 모습에 어떻게 대처해야 할지 난감해했다. 그래서 그의 아버지는 승원이 막무가내로 폭발할 때마다 심하게 때리며 화를 냈고, 어머니는 그런 폭력적인 훈육에 침묵할 뿐이었다. 하지만 승원은 아버지에게 혼날수록 더 미친 듯이 대들며 악을 썼다. 결국 승원은 아버지에게 사정없이 맞다가 체력이 다해 지치면, 입을 다물고 억울함에 눈물을 흘리면서 그렇게 한바탕 소동이 마무리됐다.


"넌 왜 이렇게 성격이 지랄 맞아? 넌 정상이 아니야. 장애인 같아. 한 번만 더 난리를 치면 보육원에 갖다 버릴 줄 알아."

거의 매일 집 안은 승원의 분노 폭발로 쑥대밭이 됐고, 여기에 부모님의 폭력적인 훈육까지 더해져 분위기가 살벌했다. 승원의 분노는 집에서도 밖에서도 수용되는 경험을 하지 못했고, 적절하게 분노를 표현하는 올바른 방식을 배우지 못했다.

어린 승원으로서는 수시로 감당하기 어려운 짜증과 화가 폭발하는 것도 힘든데, 그럴 때마다 부모님의 체벌과 훈육이 가해졌으니 결국 자기 자신을 탓할 수밖에 없었을 것이다. 결국 매번 큰 좌절을 맛보아야 했다. 분노가 폭발하면 부모님도, 선생님도, 친구들마저도 승원을 외면하거나 비난하고, 방치했기 때문이다. 이런 상황은 계속 반복되었는데, 특히 중학생 때의 경험은 승원에게 큰 충격을 가져다주었다.


## 아무도 도와주지 않았다


승원은 고등학교 입학 이전에 왕따를 당했다. 따돌림은 여러 가지 유형으로 나타난다. 특별한 사건 없이 소외되어 혼자 다니는 경우도 있고, 언어적·신체적 폭력과 함께 공동체에서 철저히 거부당하는 경우도 있다. 그러나 승원은 둘 중 어느 유형도 아니었다. 친구들과 어울리려고 했지만, 기분 조절이 안 되는 문제 때문에 친구들에게 자주 화를 냈다. 집에서만큼은 아니었지만, 확실히 또래

보다 분노 조절이 안 되는 것은 분명했다. 당연히 친구들은 승원을 좋아하지 않았다.

또래 집단에서 화를 내는 아이에겐 대부분 친구가 없다. 친구들과 사이좋게 지내려면 상황과 사람에 따라 감정을 조절할 줄 알아야 한다. 물론 승원은 그렇지 못했다. 시도 때도 없이 화를 내거나 늘 불만이 가득했다. 그래서 친구들은 승원을 피하면서 어떤 식으로든 엮이지 않으려고 했다. 그런 승원을 무서워하기도 하여, 누구도 승원을 괴롭히지도 않았다.

승원은 친구들 사이에서 엮이면 피곤한 아이로 인식되었다. 학교에서의 외로움은 승원을 더욱 힘들게 했고, 집에 와서 더욱 심한 짜증과 분노를 폭발시켰다.

그러던 중, 중학교 3학년 때 아주 심한 따돌림을 당했다. 새 학년이 되고 얼마 지나지 않아 승원이 우혁에게 짜증과 분노를 폭발한 것이 발단이 되었다. 우혁은 짓궂은 아이였다. 싸움을 하는 친구는 아니었지만, 2학년 말부터 소위 일진들과 함께 어울려 다녔다. 그래서 많은 아이들이 우혁이를 조심하려고 했다. 승원도 우혁의 이야기를 건너 들어서 알고 있었지만, 자신을 우습게 보는 말 한마디에 갑자기 기분이 상해서 자기도 모르게 화가 폭발했다.

우혁은 승원의 분노 폭발에 처음에는 놀랐지만, 이후 일진 친구들을 불러서 승원을 괴롭히기 시작했다. 우혁은 자신의 숙제를 승원에게 시켰고, 매점 심부름을 시키는 소위 '빵셔틀'로 부려 먹었다. 승원이 순순히 당할 리 없었다. 화도 내고 소리도 질렀지만 우혁과 친구들은 학교에서 싸움 잘하기로 유명한 아이들이라 별 효과가 없었다. 승원이 우혁에게 당하는 것을 친구들도 대부분 알았지만, 다들 외면했다.

'사람들이 전부 나를 싫어해. 이 세상에 나를 도와주는 사람은 단 한 명도 없어.'

괴롭힘은 날이 갈수록 심해졌고 승원의 인내심도 한계에 달했다. 결국 승원은 오랜 고민 끝에 마지막 지푸라기라도 잡는 심정으로 어머니에게 자신의 상황을 털어놨다.

"엄마, 나 할 말 있는데……."
"뭔데? 엄마 지금 바쁜데, 빨리 말해봐."
"저…… 학교 가기 싫어요."
"너 또 왜 그래? 한동안 잘 다니더니. 넌 왜 이렇게 싫은 게 많아?"
"아니…… 그게 아니라, 학교 애들이 괴롭혀서……."
"애들이 어떻게 괴롭히는데?"
"그냥 내가 싫은가 봐요."
"네가 먼저 다가가봐. 일단 엄마가 선생님한테 얘기해볼게. 너무 심각하게 생각하지 말고."

　너무 심각하게 생각하지 말라는 어머니의 말에 승원은 감정을
주체하지 못하고 또다시 소리를 지르고 화를 내기 시작했다. 어머
니는 승원이 이럴 때면 그냥 무시해버렸다. 감정 조절이 안 된다
는 사실을 잘 알기에 뭐라고 혼내지도 않았고, 그렇다고 들어주기
도 힘들었기 때문이다.
　승원은 평소와 다르게 분노 폭발을 금방 멈추었다. 그리고 방으
로 들어가버렸다. 어머니의 태도에 그는 실망했고 마음만 더 답답
해졌다. 긴 고민 끝에 힘겹게 말을 꺼냈는데 차갑게 내쳐진 것 같
았다. 단지 승원은 '많이 힘들었겠다'라며 위로받고 싶었는데 어머
니조차 마음을 알아주지 않아서 비참한 감정을 느꼈다.

　어머니는 승원의 담임선생님에게 전화를 했다. 지금까지 아들
의 분노 폭발 문제로 친구 어머니나 학교 선생님으로부터 많은 전
화를 받았었는데 이번엔 아들이 누군가에게 괴롭힘을 당한다는
사실에 놀랐다. 그래서 담임선생님에게 잘 좀 신경 써달라고 말한
다는 것이 조금 과하게 항의하게 되었다. 선생님은 종례 시간에
승원과 우혁을 일으켜 세웠고, 사실 여부를 확인했다. 승원도 우
혁도 당황하기는 마찬가지였다.

"우혁이 너 한 번만 더 승원이 괴롭히면 학교폭력위원회 열릴 수 있어. 학폭위 열려서 징계받으면 학생부에 기록된다고! 알았어?"

"네."

"승원이 너는 친구들이 힘들게 하면 나한테 바로 말하고!"

"……."


그날 이후로 우혁은 승원을 괴롭히지 않았다. 그런데 우혁뿐 아니라 모든 친구가 승원에게 한마디도 걸지 않았다. 우혁에게 괴롭힘을 당할 때는 승원을 불쌍하게 여기는 친구들이라도 몇 명 있었지만, 이제 그마저도 사라졌다.

공부를 남다르게 잘하는 것도 아니고, 성격이 좋은 것도 아닌 승원은 학교에서 철저히 혼자가 되었다. 상황이 이렇게 되니 더는 학교에서 분노 폭발할 상황이 없어졌다. 그 대신 우울 증상이 찾아왔다.

다행히 승원은 같은 중학교 출신 아이들이 없는 고등학교에 진학했다. 겉으로 보기엔 고등학교 생활은 이전보다 훨씬 편해졌다. 괴롭히는 친구들도 없었고 따돌리는 분위기도 아니었다. 하지만 그는 누구에게도 다가가지 않았다. 이전에 수없이 거부당하고 비난받은 경험들 때문에 이번에도 자신이 무언가를 시도하면 고통이 시작될 것 같다는 막연한 불안이 있었다. 그래서 현우와 친해지고 싶다는 자신의 마음도 억눌렀고, 기분 나쁜 상황에서 불쾌함이나 불편함을 표현하지도 못했던 것이다.

그는 어느 무리에도 섞이지 않았고, 아무것도 시도하지 않았다. 쉬는 시간이나 급식시간에도 혼자였고, 소풍도 가지 않았다.

## 반복된 좌절, 학습된 무기력

나는 승원이 세상과 사람, 그리고 자신을 지나치게 비관적으로 해석하는 모습이 점점 이해되었다. 그는 타고난 예민한 기질로 인해 삶 자체가 고통이었는데, 제대로 된 치료나 조치를 받지 못한 채로 컸고, 가정에서도 이해받지 못한 채로 고통을 당했다. 초등학교 때부터 친구가 없었고, 중학교 때는 심각한 집단 따돌림을 경험했다 보니 사람에 대해 긍정적으로 바라보기 어려울 만했다. 과거의 부정적인 경험이 너무 강렬해서 앞으로 긍정적인 기회가 있을 거라는 생각조차 못 하게 됐을 거다. 늘 최악을 예상하며 어떤 시도도 없이, 무기력하게 사는 승원의 모습은 '학습된 무기력learned helplessness'으로 설명할 수 있다.

학습된 무기력이란 통제 불가능한 고통을 경험하면서 무기력을 학습하면, 이후 통제 가능한 상황에서도 무기력하게 반응하는 현

# 학습된 무기력

학습된 무기력이란 1975년 셀리그만Martin Seligman이 개를 대상으로 한 실험에서 처음 발견한 현상이다. 셀리그만은 개가 뛰어넘어서 옆 칸으로 건너갈 수 있도록 낮은 칸막이의 상자를 만들고, 개를 한쪽에 두었다. 그리고는 개가 있는 칸의 바닥에 전류를 흘려보내 전기충격을 주었다. 개는 고통스러워하면서 이리저리 뛰어다니다가 이내 칸막이를 뛰어넘어 전류가 흐르지 않는 칸으로 도망갔다.

그런데 이번에는 실험을 두 단계로 구분해서 실시했다. 첫 단계에서는 전기충격을 피할 수 없는 한 칸짜리 상자에 개를 두고, 전기충격을 가했다. 개는 이리저리 움직여도 전기충격을 피할 수 없었다. 이런 경험을 반복하자, 개는 바닥에 배를 깔고 엎드렸다. 온몸으로 전기충격을 견디면서 운명에 자신을 내맡긴 듯했다. 두 번째 단계에서는 이러한 경험을 한 개를 도망갈 수 있는 칸이 나뉘어진 상자로 옮겼다. 그리고 개가 있는 칸 바닥에 전류를 흘려보냈다. 과연 개는 어떻게 반응했을까?

이제는 전기충격을 피할 수 있는 상황이었음에도 개는 도망갈 시도조차 하지 않았다. 전기충격을 피할 수 없었던 첫 번째 단계에서의 모습 그대로 바닥에 배를 깔고 전기충격을 온몸으로 견뎠다. 칸막이만 넘으면 전기충격이 없는 곳으로 충분히 도망칠 수 있었는데도 말이다!

피할 수 없거나 극복할 수 없는 환경에 반복적으로 노출되면 실제로 자신의 능력으로 피할 수 있음에도 스스로 자포자기하게 된다. 이를 '학습된 무기력'이라고 부른다.

상이다. 좌절 경험이 많았던 사람은 자신이 어떤 행동을 해도 결국 실패할 것이라는 무력감을 학습하여, 현재 상황을 변화시키기 위한 어떠한 노력도 하지 않는다. 현재 승원도 무기력을 학습한 상황이었다. 승원은 과거 수많은 관계 실패로 인해 지금은 어떠한 시도도 하지 않았고, 기회가 코앞까지 왔음에도 여전히 외롭게 혼자 있기를 선택했다.

## 나를 표현하고 살아도 괜찮다

승원의 학습된 무기력은 강력했다. 그래서 일단 현재 일상에서 느끼는 불쾌한 상황에 대해 자기주장을 해봄으로써 무기력하게 스트레스를 받지 않는 것이 중요하다고 판단했다. 특히 승원은 어린 시절 감정을 조절하는 데 어려움이 있었기에, 자신의 마음을 솔직히 드러내는 것에 거부감이 있었다. 또다시 예전처럼 분노 폭발을 할지도 모른다는 두려움 때문이었다. 그래서 상담할 때 자신의 마음을 드러내는 방법을 많이 연습했다.

그다음 안전한 대상인 가족에게 마음을 드러내게 했다. 일단 엄마에게 아침에 다른 반찬은 없어도 되니까, 적어도 미역국이나 된장국을 먹고 싶다고 말하라고 했다. 승원은 생각보다 나의 과제를 비교적 수월하게 해냈다. 실제로 어머니에게 요구했을 때, 비난받고 거절당할까 봐 걱정했지만 어머니가 흔쾌히 부탁을 들어줘서 신기하고 얼떨떨하다고 했다. 이외에도 지하철이나 버스 옆 좌석에 앉은 사람이 너무 붙어 앉으면 조금만 옆으로 가달라고 부탁해보거나, 상대가 실수한 부분을 지적하며 바로잡아보는 것까지 조금씩 시도하게 했다.

물론 매번 그 시도가 성공한 것은 아니다. 그래도 승원은 곧잘 시도했다. 이처럼 승원은 일상생활에서 느끼는 불편함을 표현하면서 스트레스를 최소화할 수 있었고, 동시에 자기주장을 펼쳐보면서 작게나마 자신감이 생겼다.

하지만 여전히 현우와 민석이와 있었던 경험에 대해서는 실제보다 과도하게 해석했다. 그래서 나는 새로운 도전을 제안했다.


"승원아, 현우에게 친해지고 싶은 마음을 전하면 좋겠어. 그런데 지금은 좀 어색할 수 있으니 내일 학교에서 현우랑 마주칠 때 인사부터 시작해보면 어떨까?"

"네? 이제 와서요? 현우가 엄청 황당해할 것 같은데요. 너무 뜬금없고 이상할 것 같아요."


그래서 나는 승원이 인사하면 현우가 어떻게 반응할 것 같은지, 또한 가장 피하고 싶은 최악의 상황이 무엇인지 물어봤다. 그러자 승원은 현우가 부담스러워하면서 인사를 피하거나, 주변 친구들한테 자신이 들러붙는다고 얘기할 것 같다고 대답했다. 특히 민석이가 자신에게 현우를 부담스럽게 하지 말라고 욕할 것 같다며 걱정했다.

나는 현우의 성격상, 승원의 인사를 부담스러워하면서 친구들한테 나쁘게 얘기할 것 같은지 물었다. 그러자 승원이 대답하길, 현우는 그런 친구는 아닌 것 같다고 했다.

나는 그다음에는 반대로, 평소에 승원에게 오랜 시간 별 반응이 없었던 누군가가 먼저 인사해오면 당황스럽고 기분이 나쁜지 물었다. 그러자 승원은 그렇게 싫지 않을 것 같다고 말했다.

승원과 같은 내담자들은 이런 대화를 통해 자신의 예상과 실제는 다를 수 있다는 점을 머리로 알고, 경험하는 과정이 중요하다. 부정적 예상을 반증하기 위해서는 실제 경험이 필요하기 때문이다. 그래서 나는 과거와 다른 반응을 경험하는 게 무엇보다 중요하다는 점과 표현의 중요성을 설명했다. 승원은 처음엔 망설였지만, 그래도 인사를 먼저 해보기로 약속하고 돌아갔다.


다음 날 승원은 현우에게 용기를 내서 먼저 인사하는 데 성공했다. 현우는 승원의 인사를 받고 조금 놀란 듯 보였지만 같이 인사하며 받아줬다고 했다.

그는 자신의 예상과 다르게 현우가 부담스러워하는 것 같지는 않았다고 말했다. 나는 승원을 격려했고, 다음엔 재미있는 웹툰을 추천해주면서 자연스럽게 다가가라고 숙제를 내주었다. 승원은 역시나 이번에도 망설였지만 쉬는 시간에 현우에게 다가갔다.

"현우야, 요즘 이 웹툰 재미있는데 이거 한번 봐볼래?"

"오, 승원~ 이거 재밌겠다. 나도 이 게임 재밌던데 너도 같이 해볼래?"

"응!"

승원은 이후 현우와 조금씩 다시 말하게 됐다. 승원은 현우와 다시 친해져서 좋지만 여전히 민석이 신경 쓰인다고 했다. 그래서 나는 민석에게도 먼저 말을 걸어보라고 제안했다. 그러자 승원은 팔짝 뛰면서 민석이 자신을 엄청 싫어한다며 못 하겠다고 말했다.

나는 그러한 생각이 얼마나 현실적인지 근거를 물었다. 그러자 승원은 자신이 현우한테 말을 걸 때마다 민석이 현우를 데려가거나 귓속말하기 때문에 그렇게 생각한다고 답했다.

나는 민석이 "나, 너 싫어. 다가오지 마"라고 말한 것은 아니니, 용기를 내서 진짜 승원을 싫어하는지 확인해보자고 했다. 한참 고민하던 승원은 마침내 현우와 대화하면서 민석에게도 말을 걸었다. 물론 처음엔 민석도 자연스럽게 승원을 대하지는 않았다. 알고 보니 민석은 본래 무뚝뚝한 성격이었다. 이후로 조금씩 민석도 승원과 말을 섞기 시작했다.

승원은 과거와 다른 새로운 상황을 계속 접하면서 자신을 향하던 분노의 화살을 차근차근 지울 수 있게 되었다. 덕분에 어린 시절부터 겪어야만 했던 감정 조절의 실패와 분노 폭발, 무기력과 우울증도 조금씩 사라졌다. 사라진 자리에는 누군가와 함께할 수 있다는 새로운 경험이 차곡차곡 쌓여갔다.

6
장

# 죽음으로
# 너한테 복수하고 싶어

버림받을까 봐 두려워요

**수연 이야기**

수연과 민우는 같은 학과 선후배 사이로, 전공 수업을 같이 듣다가 연인관계로 발전했다. 수연의 첫 연애였다. 수연은 민우가 너무 좋았다. 지금껏 살면서 가장 행복한 순간이었다.

그런데 최근 수연과 민우의 애정전선에 문제가 생겼다. 만나기만 하면 티격태격 싸우기 바빴다. 크고 작은 갈등 때문에 수연은 힘들었지만 민우와 헤어질 엄두조차 내지 못했다. 민우와 헤어진 후의 삶은 상상조차 할 수 없었기 때문이다.


"이번 주말에 친구들 안 만나면 안 돼?"

"왜? 몇 주 전에 잡은 약속이라 취소하기 어려운데."

"우리는 연인 사이잖아. 모든 시간을 함께하고 싶어 해야 하는 거 아냐? 주말에 친구들을 왜 만나? 네가 다른 애들이랑 노는 동안 나 혼자 뭐 하라고. 나한테는 너밖에 없는데."

"약속 취소하는 건 곤란해. 지난번에도 취소했잖아."

"이럴 때마다 나 혼자만 오빠를 좋아하는 것 같아서 비참해지고 우울해서 죽고 싶어."

"왜 그런 생각을 해? 알았어. 약속 취소하면 되잖아."


시간이 지날수록 수연은 민우의 마음을 의심하고 시험했다. 민우가 자신과의 약속에 조금이라도 늦거나, 다른 사람과 약속을 잡거나, 전화 목소리나 문자의 말투가 상냥하지 않으면 자신을 향한 그의 마음이 변한 것 같다며 1시간이고 2시간이고 집요하게 몰아붙였다.

　민우는 죽고 싶다는 수연의 협박 아닌 협박을 받을 때마다, 정말 그녀가 잘못될까 봐 두려웠다. 민우는 수연이 어려서부터 사람들에게 버림받을까 봐 불안해했으며, 실제로 사람들이 자신을 싫어한 적이 많아 늘 혼자였다는 이야기를 들었기 때문이다. 그래서 일방적으로 쏟아지는 그녀의 요구와 분노, 슬픔과 비난을 다 받아주었다.

　하지만 민우가 맞춰줄수록 그녀의 기대는 줄어들기는커녕 오히려 더 늘어갔다. 특히 수연의 요구 중 가장 맞추기 힘든 부분은 모든 것을 공유하고자 하는 것이었다. 그녀는 매 순간 민우와 연결되고 싶어 했다. 마치 민우를 독점하려는 것처럼.

　그래도 같은 학교를 다니면서 함께하던 시간이 많았던 때는 그나마 괜찮았다. 얼마 전 민우가 학교를 졸업하고 취업하면서 만날 시간이 줄어들자 수연의 집착과 요구가 이전과는 비교할 수 없을 만큼 커졌다. 처음에는 늘 붙어 다녔던 자신이 옆에 없으니 그럴 수 있겠다 싶어 이해하려고 했지만, 시간이 지날수록 자신만 바라보는 모습에 지쳐갔다.


　"어제저녁에 뭐 했어?"

　"야근 때문에 바빴지. 말했잖아."

"야근한다고 연락을 못 해? 일이 나보다 중요한가 보네? 내가 연락 안 되는 게 제일 싫다고 했지? 처음엔 그렇게 나한테 잘해주고 연락도 잘되고 그러더니, 어떻게 사람이 이렇게 변해? 난 정말이지 오빠가 이럴 때마다 하찮은 존재가 된 것 같아."

"내가 일부러 연락을 안 하고 싶어서 안 한 것도 아니고 일하느라 못 한 거잖아. 그리고 네가 원하는 때에 바로바로 어떻게 답을 다 하니? 이럴 때마다 숨 막혀."

"뭐? 내가 숨 막혀? 어떻게 그딴 식으로 말할 수 있어? 우린 연인 사이잖아. 사랑하는 사람한테 이러면 안 되지! 너 하나라도 오롯이 날 사랑하고 맞춰줬으면 하는데 그게 그렇게 큰 욕심이야? 너도 내가 죽어버렸으면 좋겠지? 네가 뭔데, 나한테 상처를 줘? 요즘 너 때문에 진짜 죽고 싶어. 내가 죽으면 다 너 때문이야."

"……."


사회생활을 이제 막 시작한 민우는 새로운 환경에 적응하느라 정신이 없었다. 업무를 빨리 익혀야 한다는 압박감에다가 상사의 비위를 맞추면서 동료들과도 친해져야 한다는 생각에 마음의 여유가 없었다. 당연히 수연에게 이전처럼 자주 연락을 할 수 없었다.

이런 모든 상황을 잘 알면서도 수연은 자신의 연락에 민우의 답이 없으면 수십 통의 문자와 전화를 해댔다. 그러다가 연락이 되면 불같이 화를 냈다.

이런 일이 반복되자 그동안 참고 받아주던 민우도 한계에 부딪혔다. 수연에게 화를 내면서 소리를 질렀다. 처음 있는 일이었다. 수연은 민우의 돌변한 태도에 충격을 받았지만, 굴하지 않고 더 크게 화를 내면서 민우를 비난했다. "그동안의 모습이 거짓말이었냐!"며 소리를 질렀다. 마침내 민우는 "더는 못 만나겠어. 우리 그만 헤어져!"라고 말했다. 그러자 방금 전까지 소리를 지르며 화를 내던 수연이 갑자기 태도를 바꿔 손이 발이 되도록 싹싹 빌면서 애원했다.

"오빠, 내가 뭘 잘못했는지 설명이라도 해줘. 내가 다 고칠게. 제발."

"미안해. 나, 진짜 너랑 이젠 더 못 만날 것 같아."

"뭐? 어떻게 네가 나한테 이럴 수 있어? 나 죽어버릴 거야."

수연은 마지막 수단으로 발악하듯이 고래고래 소리를 지르더니 차도를 향해 뛰어갔다. 민우는 순간 놀라서 수연을 잡으러 갔다. 이대로 그냥 두었다가는 달리는 차에 치여서 죽을지도 몰랐다. 수연은 민우의 손을 뿌리치려고 했고, 민우는 미안하다면서 헤어지지 않겠다고 그녀를 붙잡으며 사랑한다고 말했다. 그 말을 듣고서야 수연은 가까스로 진정했다.

하지만 며칠 지나지 않아 또다시 화내고 싸우고 헤어지자 말하고 매달리다가 자살소동을 벌이는 상황이 반복되었다. 수연은 주변에 있는 칼이나 가위로 자신에게 상처를 입히기도 했고, 뛰어내리겠다며 높은 건물의 옥상으로 올라가기도 했다. 자살소동이 반복될수록 민우는 지쳐갔다. 결국 민우는 수연의 연락을 외면하기 시작했다. 수연은 분노를 참지 못하고 남자친구에게 수백 통의 전화와 문자를 남겼다.

예전 같으면 자신이 죽어버릴 거라고 말하면 바로 잡아주던 그였지만 이번에는 달랐다. 심지어 그의 집에 찾아가 퇴근할 때까지 밖에서 기다려도 그를 만날 수 없었다. 며칠 후엔 민우에게 전화를 걸었더니 없는 번호라는 안내가 나왔다. 수연은 민우가 소리 소문도 없이 연락처를 다 바꾸고 회사도 그만두고 고향으로 내려갔다는 사실을 알게 됐다. 결국 수연은 남자친구와 원하지 않는 이별을 하게 됐다.

## 자기 파괴적인 집착과 죄책감

수연은 민우를 만나기 전에도 비슷한 패턴의 관계 경험이 있었다. 중고등학교 때는 단짝 친구에게 집착했다. 물론 심하지는 않았다. 친구들은 수연의 의심과 요구를 금방 거부하거나 돌아섰기 때문이다. 민우는 그들과 달리 수연을 실망시키지 않으려고 오랜 시간 애썼다. 하지만 안타깝게도 민우가 애쓴 만큼 수연의 집착은 점점 더 커져갔다.

수연은 민우와의 이별 후 삶을 포기한 사람처럼 자신을 괴롭혔다. 민우가 떠난 후 혼자 남겨진 공허함, 분노, 배신감이 한꺼번에 몰려올 때면 그녀는 그 모든 감정을 견딜 수 없어 칼로 팔을 긋거나, 주먹으로 자신의 머리를 미친 듯이 때렸다. 마치 자신에게 분풀이하듯 말이다. 먹지도 않고 잠도 자지 않았다. 이렇게 자신을 괴롭혀야지만 그 순간 조금이나마 마음이 풀렸다. 급기야 자해나 자살 기도를 한다는 것을 부모님이 알게 되었고 구급차를 불러 응급실로 데려가기를 반복했다.

수연의 극단적이고 위험한 행동을 심각하게 걱정한 부모가 나를 찾아왔고, 나는 그녀에게 반드시 심리상담이 필요하다고 말했다. 부모는 집으로 돌아가 수연에게 심리상담을 받아보자고 여러 차례 설득한 끝에 마침내 동의를 얻어냈다.

수연을 만나기 전에 예상했던 그녀의 모습과 실제는 좀 달랐다. 수연이 자살 기도를 수없이 했다고 들었기에 무기력하고 힘이 없는 모습일 거라고 짐작했다. 남자친구와 이별하고 복잡한 감정에 매몰돼 제대로 먹거나 자지 못했으니 확실히 수척해 보이기는 했다. 이런 모습 때문에 가족을 비롯해 주변 사람들은 수연의 주된 감정을 우울이나 슬픔으로 보았을 것이다. 그러나 나를 찾아온 그녀의 표정과 말투는 굉장히 차가웠고, 대화하는 내내 냉소적인 태도를 가감 없이 드러냈다. 수연의 주된 감정은 우울이나 슬픔보다는 분노에 가까웠다.

실제로 수연은 상담하면서 민우에 대한 분노를 노골적으로 표현했다. 또한 이런 상황의 원인을 제공한 자신에 대한 분노도 드러냈다. 결국 그녀가 자해와 자살 기도를 하는 이유는 살아갈 소망이 없어졌기 때문이 아니라 상대와 자신에 대한 분노의 표현인 셈이었다.

보통 사람들은 사랑과 관심을 상대로부터 받을 수 없거나 이별을 통보받았을 때 속상해하고 서운해한다. 수연처럼 이렇게 엄청난 분노를 드러내지는 않는다. 수연의 행동은 무엇 때문일까?

상담을 통해 한 가지 사실을 알게 됐다. 수연의 자해와 자살 기도 같은 자기 파괴적 행동은 민우와 관계가 끝날 것 같다는 불안감에서 시작됐다는 것이다. 자기 파괴적 행동의 원인을 상대에게 돌리는 것은 상대에게 상당히 위협적일뿐더러 죄책감도 불러일으킬 수 있다. 이 때문에 상대는 두려운 나머지 떠날 수 없다. 수연은 이 사실을 잘 알고 있었고, 그래서 자해와 자살 시도를 했다고 말했다. 수연은 전형적인 경계선 성격 장애였다.

어떤 이들은 상대가 안정을 느끼게 관계를 이어가면 되지 않냐고 생각할지 모르지만, 수연의 사례에서 알 수 있듯이 경계선 성격

# 경계선 성격 장애borderline personality disorder
## 진단 기준

불안정한 대인관계, 반복적인 자기 파괴적 행동, 극단적 정서 변화와 충동성을 보인다. 성인기 초기에 시작되며 여러 상황에서 나타나고 다음 중 다섯 가지 이상의 항목이 충족되어야 한다.

❶ 실제 또는 가상적인 유기(버림받기)를 피하기 위해 필사적으로 노력한다.

❷ 극단적인 이상화와 평가절하의 극단 사이를 왔다갔다 하는 불안정하고 격렬한 대인관계의 양상을 보인다.

❸ 정체감 혼란, 즉 자기 이미지 또는 자신에 대한 느낌이 불안정하다.

❹ 자신을 손상할 가능성이 있는 최소한 두 가지 이상의 충동성(예를 들어 과소비, 물질 남용, 좀도둑질, 부주의한 운전, 과식 등의 행동)을 보인다.

❺ 반복적인 자살 행동이나 자살 시늉, 자살 위협 또는 자해 행동을 한다.

❻ 일상 사건으로 촉발되는 심각할 정도의 감정 기복을 수시로 보인다.

❼ 만성적인 공허감을 느낀다.

❽ 부적절하고 심하게 화를 내거나 분노를 조절하지 못한다(예를 들어 자주 울화통을 터뜨리거나 늘 화를 내거나, 자주 신체적인 싸움을 한다).

❾ 스트레스로 인해 일시적으로 피해의식 혹은 심한 해리 증상을 보인다.

장애로 진단받은 사람들은 평소에도 상대에게 안정감을 느끼기 어렵다. 그 이유는 무엇일까?

우선, 경계선 성격 장애가 있는 사람들은 만성적인 공허감을 호소한다. 혼자 있으면 견딜 수 없이 외롭고 쓸쓸하다. 공허감을 채우기 위해 쇼핑과 폭식, 위험한 운전 등 상당히 자극적인 행동을 충동적으로 한다.

자극적인 행동은 일시적으로 흥분되고 재미있다고 느낄 뿐 공허감을 해결해주지는 못한다. 그래서 사람들과 약속을 잡아서 만나지만, 정서적으로 가깝지 않은 사람들과 만나는 일은 오히려 더 외롭게 만들고 자신을 초라하게 해 공허감이 증폭된다. 이들이 원하는 대상은 정서적으로 아주 가까운 사람, 자신을 구원해줄 사람이다.

그렇다면 누가 그런 대상일까? 경계선 성격 장애인 사람들은 만성적인 공허감에 더해 자기 자신에 대한 확신이 부족하고 자신감이 없다. 심한 경우 자신을 최악의 인간이라고 여긴다. 이런 면에서 정서적으로 가까워지는 사람을 대단한 사람으로 이상화idealization 한다. 실제로 상대가 어떤 부분에서는 객관적으로 탁월하고 뛰어날 수 있지만, 대부분의 이상화는 환상 속에서 벌어진다. 상대의 표정, 말투, 심지어 사소한 습관까지 모든 것에 의미를 부여하고 대단하게 본다. 그래서 상대와 사랑에 빠지는 시간은 매우 빠르며, 단시간에 연인관계로 발전한다.

'두 사람은 행복하게 살았더래요'로 끝나는 결말은 동화나 드라마의 이야기일 뿐 현실에는 없다는 걸 알기에 자신을 괴롭히던 만성적인 공허감을 해결해준 사람, 한없이 부족한 자신을 있는 그대로 돌봐주는 상대가 너무 좋을수록 사랑이 깨지는 것에 대한 걱정이 커진다. 역설적으로, 너무 좋아서 너무 걱정되는 것이다. 또 상대를 이상화할수록 자신은 초라해 보이는 법이다.

점점 더 초조해지고 사랑을 확인하기 위해 상대에게 더 많은 것을 요구한다. 자신의 요구가 많아질수록 상대가 지쳐가는 모습도 분명해지므로 급기야 상대가 자신을 버리거나 떠날지도 모른다는 '유기 불안abandonment anxiety'에 시달린다.

보통의 사람이라면 상대가 자신을 싫어하거나 떠날 것 같을 때 상대를 더 배려해주고 잘해주려고 한다. 그러나 경계선 성격 장애의 특징은 생각과 감정이 극단적이어서 상상 속에서는 이미 자신을 버리고 떠났다고 느낀다. 아직 떠나지 않았지만, 이들의 상상 속에서는 상대가 이미 떠난 것과 같다. 그래서 "넌 날 버렸어"라고 단정적으로 말한다.

상대방은 아직 자신이 떠나지 않았고 떠날 마음도 없었는데, 이런 말을 계속 듣다 보면 지칠 수밖에 없다. 자신이 어떻게 해도 이 사람을 만족시키거나 안정감을 줄 수 없다는 생각에 괴롭다. 결국 이별을 통보한다. 버림받았다는 상상이 현실이 되면 경계선 성격 장애를 가진 사람들은 자기 파괴적 행동을 보인다. 자해나 자살

기도 같은 행동은 자신을 처벌하고 상대에게 속죄한다는 의미로 시작되지만, 이런 행동을 보고 상대가 자신을 걱정하고 이별을 취소한다는 사실을 알면 이때부터는 상대를 떠나지 못하게 하는 수단으로 사용한다.

    수연도 처음 민우를 만났을 때 자신의 불안을 받아주고 요구를 들어주는 그를 이상화하면서 강한 애정을 느꼈다. 그럴수록 더 불안해졌고 더 많은 사랑과 관심을 요구했다. 급기야 수연은 민우와 모든 시간을 공유하고자 했다. 현실적으로 민우는 수연의 요구를 모두 들어줄 수 없었다. 수연은 민우가 자신을 사랑하지 않는 냉혈한이라며 온갖 분노와 원망을 퍼부었고, 결국 자기 자신을 해치는 행동을 반복했다.

    그런데 민우와 헤어지고, 더는 연락할 수 없는 상황이 되었는데도 왜 수연은 자해와 자살 기도를 멈추지 않는 것일까? 민우의 연락처가 바뀌었기에 전화나 문자로는 연락할 수 없었지만, 이메일 계정은 여전히 유효했다. 그래서 수연은 자해나 자살 기도를 할 때마다 사진을 찍고 자신의 심정을 담아서 메일을 보내고 있었다. 물론 민우는 메일을 확인해도 답메일을 한 번도 보내지 않았으며, 심지어 최근에는 확인하지도 않았지만 수연은 언젠가는 민우가 메일을 볼 거라고 생각해 계속 보냈다. 어떻게든 민우의 마음을 되돌려 돌아오게 하기 위한 몸부림이었다.

# 상처받은 채 어른이 되어버렸다

이별을 경험하면 누구나 자신감이 떨어지고 우울하기 마련이다. 그래도 자기 자신에 대한 믿음과 애정이 있는 사람들은 시간이 지나면서 다시 본인의 일상으로 돌아온다. 하지만 수연은 여전히 버림받은 상황에 머무르면서 상대와 자신에게 분노하고 있었다. 수연은 민우와 이별하면서 자신의 모든 생활과 인생이 끝장났다고 단정 지었다. 연애에 실패한 것이 아니라 자신의 삶에 실패했다고 여겼다. 마치 남자친구가 없는 그녀는 아무것도 아닌 존재가 돼버린 것처럼 말이다.

나는 그녀가 혼자 있을 때 어떤 감정을 느끼는지 살펴볼 필요를 느꼈다. 왜냐하면 수연은 헤어지고 혼자인 지금뿐만 아니라 민우와 만날 당시에도 혼자 있는 시간을 극도로 견디지 못했기 때문이다. 사실 경계선 성격 장애뿐 아니라 다른 사람들도 연애를 시작할 때는 내가 너인지, 네가 나인지 모를 정도로 상대와 하나가 돼 모든 것을 나누고 늘 함께하고 싶어 한다. 그러다가 대부분은 하나로 밀착되었던 감정 상태에서 조금씩 빠져나와 각자의 삶으로 분리해간다.

수연은 이 과정이 없었다. 남자친구와 자신은 다른 존재이고, 다른 생활을 하고 있으며, 다른 감정을 느낄 수 있다는 점을 받아들이지 못했다. 혼자가 되면 마치 큰일이라도 나는 것처럼 상황을 인식했다. 여러 질문 끝에 수연에겐 혼자여도 괜찮다고 달래줄 수 있는 '내면의 목소리'가 없다는 사실을 알았다.

사람들은 위기의 순간이나 무언가를 선택할 때, 자기 확신이나 스스로를 격려할 힘이 필요하다. 이렇게 자신에게 힘이 되는 내면의 목소리가 있다면 현재 겪어내는 경험이 버겁더라도 그런대로 삶을 지탱해나갈 수 있다.

인생엔 혼자서 살아내야 하는 순간들이 많다. 주변에 가족과 친구들과 함께하는 순간도 있지만 개인이 혼자서 이끌어야 하는 삶의 영역이 분명 존재한다. 결혼한다 해도, 자식을 낳아도 온종일 함께할 수는 없다. 부부가 현실적으로 함께 살기 위해서는 돈을 벌어야 하고 아이를 낳으면 키워야 한다. 또 그 아이가 자라면 밖에서 다른 친구를 만나고 꿈을 찾거나 가정 밖에서의 삶을 찾아야 한다. 결국 혼자서 삶을 버틸 수 있으려면 앞에서 말한 자신을 격려하는 내면의 목소리가 있어야 한다.

내면의 목소리는 어린 시절 양육자를 통해 마음에 심어진다. 인간은 동물과 달리 태어나면 혼자서 기능하지 못한다. 누군가의 도움을 통해 먹고, 걸을 수 있으며, 타인과 소통할 수 있게 된다. 일반적으로 한 개인으로 살아내기까지는 오랜 시간이 필요하다. 전적으로 양육자의 도움을 받으며 인생을 시작하기 때문에, 이 과정이 어떠했는지에 따라 자신과 세상을 대하는 태도가 만들어진다.

양육자가 아이의 존재를 인정해주고, 노력하고 애쓴 부분에 대해 충분히 잘하고 있다고 격려해주며, 앞으로도 잘 해낼 수 있다고 말해주면 아이는 양육자의 목소리를 내면화해 이후에 스스로에게 용기의 말을 해준다. 만약 양육자가 아이의 존재를 부정하고, 무엇을 해도 비난을 했다면 아이는 이 목소리를 내면화해 자기 자신을 비난하게 된다.

나는 부정적인 내면의 목소리를 가진 수연의 유년 시절이 궁금해졌다. 그래서 그녀의 양육자였던 어머니와의 관계를 자세히 살펴보기 시작했다. 아니나 다를까, 수연의 극단적인 사고와 감정 패턴은 어머니에게 받은 영향이 컸다. 어려서부터 수연은 어머니에게 "말 안 들으면 갖다 버린다", "너 같은 애는 쓸모가 없어", "넌 엄마를 힘들게만 하는구나"라는 말을 자주 들었다고 한다.

하루에도 수시로 바뀌는 어머니의 변덕에 그녀는 늘 한 치 앞을 예상하지 못해 불안해했다. 어제는 밥을 천천히 먹어도 혼나지 않았는데, 오늘은 깨작거리지 말고 빨리 먹으라며 등짝을 사정없이 맞았다고 한다. 아침에는 바스락거린다며 시끄럽다고 불같이 화를 내던 어머니가, 저녁에는 너무 조용히 있어 놀랐다며 혼을 냈다. 어제 칭찬을 받은 일이 오늘은 혼나는 일이 돼버리니 어린 수연은 어느 장단에 맞춰야 할지 몰라서 불안감을 느꼈다. 게다가 어머니는 자신이 세운 규칙을 조금이라도 어기면 머리, 등, 어떨 때는 얼굴까지 보이는 곳을 사정없이 손으로 때렸다. 그러면서 마지막엔 늘 이렇게 말했다고 한다.

"너, 계속 엄마 힘들게 할 거야? 계속 이러면 보육원에 갖다 버릴 줄 알아. 알았어?"

지나가는 말로 끝나지 않았다. 보육원으로 전화를 거는 시늉을 하거나 실제로 보육원 앞까지 우는 아이를 질질 끌고 갔다. 그녀는 어머니가 버린다고 겁을 줄 때마다 손이 발이 되게 빌며 다시는 안 그러겠다고 약속했다. 이렇게 언제 어떻게 무슨 이유로 버림받을지 모르는 두려움이 수연의 어린 시절을 가득 채운 셈이다. 나는 그녀의 유기 불안과 분노를 선명하게 이해할 수 있었다.

자신과 타인을 있는 그대로 현실적으로 보면서 새로운 관계를 경험해나가는 대상관계 심리치료에서는 어린 시절 양육자와 맺은 관계 패턴이 이후에 다른 대인관계에서도 비슷한 모습으로 반복된다고 말한다. 양육자와의 관계 패턴이 대인관계의 기본 틀이 된다는 의미다.

양육자와 신뢰가 끈끈하고 서로 수용적인 관계를 맺은 아이들은 다른 관계에서도 동일하게 긍정적이고 안정된 관계를 맺는 데 비해, 양육자와 불안정하고 부정적 관계를 경험한 아이들은 다른 대인관계에서도 비슷한 관계를 반복해서 맺게 된다.

후자 중에서도 극단적인 경우가 경계선 성격 장애와 연관이 있다. 양육자 개인의 문제로 아이에게 안정적인 환경을 제공하지 못했거나, 아이의 공격적 기질로 인해 불안정한 관계를 맺었을 가능성이 크다. 원인이 무엇이든 결과적으로 이런 환경에서 성장한 아이는 안정되고 통합된 자아상과 부모상, 자신을 격려할 수 있는 내면의 목소리를 갖지 못한다.

그렇다고 어린 시절 불안정한 환경에서 성장한 모든 사람이 경계선 성격 장애로 발전하는 것은 아니다. 어떤 이들은 이후 또래 관계를 통해 심리적 안정감을 느끼기도 한다. 그렇다면 무엇 때문에 경계선 성격 장애로 발전하게 될까? 그 이유는 통합의 실패, 즉 분리splitting 때문이다. 사람에게는 상반된 두 모습이 있다. 화내는 모습과 친절한 모습, 좋은 모습과 나쁜 모습, 우는 모습과 웃는 모습 등이다. 양육자도 그렇다. 마음이 건강한 성인이라면 상반된 두 모습 모두 한 사람의 두 가지 모습으로 인정하면서 관계를 잘 맺어갈 수 있지만, 어린아이들에겐 양육자의 상반된 모습을 통합하는 것이 어려운 과제다. 그래도 대부분의 아이들은 자신에게 잘해주는 모습과 무섭게 혼내는 모습이 모두 같은 양육자의 모습이라는 것을 이해하고 통합한다.

그러나 양육자가 너무 극단적인 감정을 보인다면 통합시키기가 어렵다. 가령, 아이가 이해하고 받아들일 정도로 분노하는 게 아니라, 아이를 죽일 것처럼 화내거나 갖다 버릴 거라는 협박을 반복적으로 한다면 아이는 상당한 공포를 느낀다. 양육자 입장에서는 이렇게 극단적으로 분노를 표현하고 나면 이내 아이에게 미안하고 후회하는 마음이 든다. 그래서 아이의 기분을 풀어주기 위해서 또는 자신의 기분이 좋을 때면 극단적으로 아이에게 잘해주려고 애쓴다. 모든 것을 맞춰주고 아이가 해달라는 대로 다 해준다.

물론 이렇게 양극단을 오가는 양육자일지라도 아이에게 자신이 왜 그렇게 화가 났는지, 왜 지금은 잘해주는지 잘 설명해준다면 아이는 두 모습을 통합할 가능성이 있다. 그러나 이런 설명조차 없다면 아이는 두 모습을 통합하지 못하고 분리시킨다. 자신에게 잘해주는 양육자의 모습이 손상되지 않도록 자신을 위협하면서 공포에 휩싸이게 만드는 무서운 모습과 떨어뜨려놓는 것이다.

어린 시절에 이런 경험을 하면서 어른이 되면 타인에 대한 이미지가 불안정할 수밖에 없다. 지금은 자신에게 잘해주지만, 언제든 돌변할 수 있다는 생각 때문에 항상 불안하다. 어렸을 때는 상대의 좋은 모습만 간직하고 싶어서 분리했지만, 성인이 되면서는 두 모습이 통합되지 않아 더 불안해진다. 지금은 아무리 잘해줘도 갑자기 자신을 버리는 모습이 너무나 강렬하게 남아 있기 때문이다.

그래서 어떻게 해서든지 상대가 자신을 버리지 못하게 한다. 애원도 하고, 분노도 폭발시킨다. 상대를 위협하기도 하지만 실제로 해치지는 않고 오히려 자신을 해치려고 한다. 경계선 성격 장애가 있는 이들이 원하는 것은 상대로부터 버림받지 않는 것이기 때문이다. 상대를 해치면 떠날 것이 분명하지만, 자신을 해치면 떠났던 상대가 돌아올 수 있다고 생각한다. 또한 어린 시절 양육자로

부터 비난을 들으면서 자란 경우가 많아서 스스로에 대한 비난과
원망을 자해 행동으로 표현한다.

수연은 안정된 자기 이미지나 대상 이미지, 세상에 대한 믿음이
내면 깊이 자리 잡지 못했기에 불안정하고 파괴적인 관계를 맺을
수밖에 없었다. 수연의 성장 과정을 들으니 지금의 혼란스러운 상
태가 이해되었고 마음이 아팠다.

지금 당장 해결해야 할 문제는 분노가 자신을 향하고 있다는 점
이었다. 그녀는 자신의 분노를 자해나 자살로 나타내는 방식 말고
다른 방법을 알지 못했다. 그러나 이 방식은 생명과 안전을 위협하
므로 시급한 조치와 개입이 필요했다.


## 내 말을 들어줄 한 사람이 있다면

"죽고 싶을 땐 나에게 연락하는 거예요."


난 수연에게 버려진 것처럼 느껴질 때, 세상에 혼자 남겨진 기
분이 들어 죽고 싶은 충동이 올라올 때는 자해나 자살 기도 대신
언제든 전화하라고 부탁했다. 사람들은 자기 파괴 충동이 올라올
때 '세상에 나 혼자 있다'는 생각에 사로잡혀서 이성적인 판단을
하기 힘들다.

특히 수연은 대인관계에서 자주 사람들에게 이유 없이 미움을 받는 듯한 경험을 했다. 자신의 존재에 대해 환영받는 긍정적인 느낌을 쌓아오지 못했고, 적대적이며 등을 돌리는 느낌으로 인간관계를 경험해왔다. 이렇게 세상 모두가 자신에게 칼을 겨누는 위협적인 느낌에 매몰될 때마다 그녀는 죽고 싶은 충동을 조절하기 어려웠다.

사실 꽤 많은 사람이 거절당하거나 호의적이지 않은 느낌을 자주 경험한다. 스스로를 파괴하기 직전에 만약 그들을 붙잡고 함께 지지하며 버티는 한 사람만 있다면 분명 그들은 다른 선택을 할 것이다. 이 말을 뒤집어보면 최악의 선택을 하는 그 순간에 단 한 사람도 없었다는 말이다.

수연과 같은 경계선 성격인 사람에게는 분노에 가득 차고 불안에 떠는 자신과 온전히 함께해줄 사람이 필요하다. 마치 어린아이들이 불안에 압도되었을 때, 부모가 힘이 되는 것처럼 말이다. 그런 대상이 반드시 상담자일 필요는 없다. 부모도 가능하다. 다만 전제조건이 있다. 마음의 힘이 있는, 즉 마음이 건강한 사람이어야 한다. 그러나 수연의 어머니는 딸 못지않게 불안정한 사람이었다. 어떤 이들은 부모 대신 애인으로부터 이런 경험을 하기도 하는데, 수연은 현재 연애가 끝난 상황이었다. 그래서 나는 수연에게 죽고 싶은 충동이 올라올 때마다 연락하라고 말했다. 직접 상담실로 찾아올 수 없을 때는 전화 통화로라도 함께할 것이며, 상담이 가능한 시간이라면 직접 와서 얼굴을 마주하면서 감정을 풀어놓고 마음을 달래보자고 제안했다.

"선생님, 사실 요즘에도 자주 죽고 싶어요. 감정 조절도 안 되고, 그럴 때면 자해를 하게 돼요."

"그랬군요. 많이 힘들었겠어요. 가장 최근에 있었던 일에 대해 자세히 얘기해주겠어요?"

"그냥 아주 사소한 건데, 지난주에 학교에서 동기들이랑 과제를 같이하고 돌아와서 있었던 일이에요. 우리 조에 민지라는 애가 최근에 힘든 일이 있었는데, 다른 애들한테는 다 얘기하면서 저에게는 말을 안 했더라고요. 저만 모르고 있었어요. 근데 기분이…… 애들이 다 저를 싫어하는 것 같아서 미칠 것 같은 거예요. 또 애들이 과제 끝나고 밥 먹으러 가는데 저에게 적극적으로 같이 가자는 말을 안 해서 저는 그냥 집에 왔어요. 그날 엄청 우울하고 가슴이 미칠 것처럼 시리다고 해야 하나? 그럴 땐 진짜 죽을 것 같아요. 그래서 순간 욱해서 방에서 혼자 칼로 손목을 여러 번 그었어요. 사실 그러고 나면 기분이 좀 나아지는 것 같거든요."

"수연 씨가 진짜 잘못될까 봐 걱정돼요. 그리고 자기 자신을 그렇게 괴롭히는 게 나는 너무 화도 나고요. 그렇게 계속 자해하고 괴롭힐수록 점점 더 강도가 세지고 어지간해서는 만족이 안 될 거예요."

"네, 맞아요. 이제는 한두 번 긋는 거로는 안 돼요. 점점 더 자극적인 걸 찾게 돼요."

"수연 씨가 미칠 것 같아서 그렇게 행동할 수밖에 없다는 건 알겠지만 안 하려고 노력해봤으면 좋겠어요. 그런 마음이 들 때마다 꼭 나한테 전화해요."

"전화하면 뭐가 나아질까요?"

"죽을 것 같고 미움받는 것 같아서 괴롭다고 누군가에게 얘기할 수 있으면 지금보단 덜 괴롭고 덜 불안하지 않을까요?"

"조금 나을 것 같긴 해요."


나는 수연에게 그녀의 위험한 자기 파괴 행동에 대해 속상하다고 마음을 전했다. 그런 행동이 하고 싶을 때마다 나와 연결되는 경험을 해보자고 강하게 권했다. 하지만 수연은 그 순간에 내가 생각나지 않을 것 같다며 거절했다. 여러 차례 그런 상황이 반복되면 선생님이 지쳐서 도망갈 것 같다며, 오히려 그 이후의 상황을 미리 걱정했다. 수연에게 생각이 안 날 것 같아서 걱정인지, 아니면 내가 질릴 것 같고 자기를 싫어할까 봐 걱정인지 좀 더 명확하게 물어봤다. 그러자 그녀는 후자에 가깝다고 대답했다.

나는 수연이 나에게 전화를 해서 자해 행동을 하지 않는 것이 혼자 자해하고 나를 만나러 오는 것보다 훨씬 낫다고 말했고, 그녀 자신을 함부로 하는 것이 옆에서 보기에 더 마음 아프고 힘들다고 말해주었다. 그리고 감정에 짓눌릴 때 다른 사람들과 연결되는 경험이 왜 중요한지 설명하고 그 방법을 써보자고 다시금 설득했다. 그렇게 오랜 제안과 설득 끝에 그녀는 아무런 연락도 없이 혼자 자해를 하지 않겠다고 약속했다.

실제로 수연은 자해나 자살 충동이 올라오는 위기 상황에서 나에게 연락하기 시작했다. 전화할 때마다 힘들어서 미칠 것 같고, 자신을 파괴하고 싶다면서 울었다. 나는 그녀의 이야기를 들어주었고, 나의 존재를 기억하고 전화해줘서 너무 안심되고 좋다는 마음도 전했다.

수연은 나와 짧은 통화를 하면서 여러 번 위기를 넘겼다. 물론 약속을 깨고 자해할 때도 있었다. 그런 일이 있고 나서 나를 만나러 올 때면 그녀는 두려움에 떨었고, 내 얼굴을 제대로 쳐다보지 못했다. 자신이 약속을 지키지 않아서 내가 그녀를 버릴지도 모른다는 생각에 매우 불안해했다.

수연은 나와 한 약속을 지키지 못한 날이면 더 심각한 자해를 했다. 그것이 그녀가 나와의 관계에서 느끼는 유기 불안 때문임을 이해할 수 있었다.

# 세상은 어쩌면 안전한 곳일지도 몰라

자해와 자살은 자신에 대한 분노의 표현이다. 상담에서 이것을 다른 무엇보다 시급하고 중요하게 고려해야 하는 이유는 돌이킬 수 없는 결과를 가져올 수 있기 때문이다. 그래서 상담자는 그런 충동이 일어날 때마다 분노를 표현할 수 있도록 함께 버텨주고 안심시켜줘야 한다.

수연이 불안감 때문에 힘들어할 때마다 나는 그녀가 어머니에게 들었던 부정적인 피드백과 전혀 다른 태도와 수용을 보여주었고, 덕분에 그녀는 마음을 다스리기 시작했다. 이렇게 할 수 있기까지 그녀는 끊임없이 나를 의심했다.

상담자들은 경계선 성격 장애를 가진 이들을 가장 어려운 내담자라고 말한다. 그 이유는 상담자와 친밀해질수록 상담자를 이상화하면서, 동시에 자신을 버리지는 않을지 의심하기 때문이다. 수연은 민우에게 했던 것처럼 나를 대했다. 상담자인 나도 사람인지라 당연히 그녀의 이상화가 부담스러웠고, 지칠 줄 모르는 불안과 멈추지 않는 의심이 버겁기도 했다. 그러나 이때 내 감정에 파묻혀 상담을 포기한다면 수연에게 돌이킬 수 없는 상처를 줄 수 있었다. 상담자마저 자신을 버렸다는 생각을 하면 더 끔찍한 자기 파괴적 행동을 할 것이 분명했다. 그래서 내 감정에 매몰되기보다는 수연의 불안을 이해하고 공감하면서 관계를 이어나갔다. 무엇보다 그녀가 혼자가 아니라는 사실을 알려주면서, 어떤 경우에도 상담을 포기하지 않겠다고 말해주었다.

특히 수연이 안전한 관계를 맺을 수 있는 경험을 하도록 노력했다. 수연은 어릴 적부터 오랫동안 자신을 환영받지 못하는 존재라고 생각해왔고, 실수나 잘못을 하면 버려질 거라는 공포에 시달렸다. 그래서 나는 그녀가 혼자 조절할 수 없을 정도의 불안과 분노의 감정이 올라올 때마다 상담자와의 관계를 통해서라도 버텨낼 수 있기를 바랐다.

수연에게서 조금씩 변화가 일어났다. 자해와 자살 시도로 드러나는 분노가 조금씩 줄어들기 시작했다. 나는 그런 모습이 너무 감격스러웠고 그녀를 계속 격려했다.


여전히 수연의 하루는 불안정하다. 하지만 조금씩 달라지고 있다. 어제보다 오늘 조금 덜 불안하고, 덜 미움을 받을 것 같고, 혼자인 것 같은 공허함도 줄어들고 있다. 무엇보다 상담자인 나와 긍정적인 관계를 경험한 덕분에 자신을 향한 분노가 작아지고 있다. 분명 이러한 상담의 경험은 수연의 다른 관계에도 영향을 미칠 것이다.

무엇보다 희망적인 것은 새로운 사람들과 새로운 관계를 맺기 시작했다는 점이다. 이전까지 수연은 상대로부터 버려지는 일방적인 관계를 맺어왔다면, 이제는 누가 누구를 버리고 버림을 받는 것이 아니라 함께 만들어가는 관계를 연습하고 있다. 버림받을 것 같은 두려움이 금세 감쪽같이 사라지지는 않겠지만, 새로운 경험을 조금씩 쌓으면서 수연의 분노는 이전과 다른 방식으로 표현될 것이다.

# 관계가 길게 이어지지
# 못하는 이유

상대가 화내면 마음이 돌아서요

민경 이야기

민경은 스물여덟 살 직장인이다. 그녀는 두려운 게 많지만, 그중에서도 사람이 무섭다. 특히 관계에서 부정적인 감정이 오갈 때 견디기 힘들다. 그녀는 세상이 평화롭기만 했으면 좋겠다.

그녀의 바람과는 달리 일상에선 불편한 감정과 수시로 마주해야 한다. 그때마다 그녀는 쉽게 상처를 받고는 사람들과 거리를 두거나 조용히 연락을 끊는다. 그래서 민경의 주변엔 의지할 사람이 없다. 서로 크게 간섭하지 않고 거리를 지켜주는 몇몇 사람들과만 드문드문 관계를 이어갈 뿐이다.

그나마 가까운 대상이 있다면 남자친구인데, 최근 들어 그와의 관계마저 불안하다. 민경은 남자가 부드럽고 다정해서 호감을 느껴 관계를 지속하다가도 상대가 조금이라도 화를 내거나 부정적인 감정을 드러내면 지나치게 무서워하고 그 상황과 상대를 받아들이기 힘들어한다.


"오빠, 아까 식당에서 표정이 왜 그랬어?"

"응? 내 표정이 어땠는데?"

"내가 밥을 너무 느리게 먹어서 화난 거야? 표정이 어두워서……."

"아니야, 그냥 오늘 좀 피곤해서 그래."

"아니, 피곤하면 말을 하지. 그럼 오늘 왜 만나자고 한 거야? 만나서 뚱한 표정이나 하고 있고, 사람 상처받게……. 오빠가 이렇게 무심한 사람인 줄 몰랐어.”

“피곤하지만 너랑 있으면 좋으니까 만나자고 한 거지. 표정 하나 하나에 그렇게 반응하니까 솔직히 피곤해진다. 휴…….”

“오빠 지금 그렇게 한숨 쉬는 거 나한테는 너무 큰 상처야. 기분 나쁜 거 참는 것 같고 곧 폭발할 것 같아서 무서워. 그리고 내가 오 빠를 피곤하게 한다는 거야? 난 그냥 불안해서 계속 눈치 보는 거 잖아. 조금만 더 말하면 정말 때릴 것 같아. 지금도 계속 참고 있는 거지?”

민경이 이렇게 그의 표정에 예민한 건 얼마 전 있었던 일 때문이 기도 하다. 남자친구와 근교로 여행을 가던 중에 다른 차가 위험하 게 끼어들었다.

“아니, 저 미친놈! 왜 이렇게 위험하게 끼어들어? 정말 미친 거 아냐? 짜증 나, 진짜.”

“바쁜 사정이 있나 보지. 왜 그렇게 화를 내?”

“그게 아니라, 방금 사고 날 뻔했잖아. 진짜 왜 운전을 저따위로 하는 거야? 에잇, 열 받아.”

“오빠, 오늘 나한테 뭐 화난 거 있어? 나한테 화났는데 저 차 핑 계 대는 거 아냐?”

“그건 또 무슨 말이야. 너한테 화난 게 아니잖아. 이런 상황에서 화가 난다는 게 이해가 안 돼?"

"좀 참아. 오빠가 나한테 화난 게 아니라고 말해도 나는 나한테 화내는 것 같아서 무섭단 말이야."


이처럼 누구라도 화가 날 수 있는 상황에서도 민경은 남자친구가 참기를 바랐다. 그리고 상대에게서 분노의 작은 싹을 발견하기라도 하면 당장 헤어지고 싶은 마음이 들었다. 언젠가는 그 분노가 자신을 향할 수도 있다는 두려움이 컸기 때문이다.

이런 두려움은 왜곡된 생각으로 발전했고, 결국 민경은 남자친구가 겉으로는 착하고 친절하지만, 내면엔 폭력적인 분노를 숨기고 있다고 의심했다. 그리고 남자친구가 현재는 아무리 잘해줘도 '곧 변하겠지. 다른 남자들도 그랬잖아. 지금은 화를 참지만 언제 어떻게 폭발할지 몰라'라고 생각했다. 그렇게 민경은 계속 남자친구가 사실은 폭력적이고 화가 많은, 숨겨진 본성이 따로 있다는 의심을 거두지 못했다.

그렇다 보니 민경은 남자친구와 만날 때마다 표정을 살피면서 화난 거 아니냐며 계속해서 물었다. 정말로 남자친구가 폭발할 때까지 물어댔다. 그녀는 남자친구가 끝까지 화를 내지 않기를 바라면서 그렇게 행동했지만, 현실은 반대였다. 결국 참다못한 남자친구가 화를 드러내면 민경은 여지없이 이별을 통보했고, 남자친구는 자신을 폭력적이고 화가 많은 괴물로 보는 민경의 시선에 지친 나머지 순순히 이별을 받아들였다. 이러한 연애가 반복되었다. 당연히 연애 기간도 길게 이어지지 못했다.

　최근 들어 민경은 고민이 많아졌다. 점점 나이도 들어가는데 매번 연애가 오래가지 않으니 결혼은 할 수 있을지 걱정이 됐다. 특히 최근에 헤어진 남자친구가 민경에게 마지막으로 한 말이 계속 머릿속에 맴돌았다.


　"민경아, 너는 나를 제대로 봐준 적이 단 한 번도 없는 것 같아. 늘 이전의 경험으로 나를 보는 느낌이었어. 연인들이 만나다 보면 서로 싫은 얘기도 하고 싸우기도 하는 거야. 어떻게 매번 좋은 것만 말하고 웃는 얼굴만 보여줄 수 있겠어. 네가 나를 너무 무서워하고 불안해할 때마다 나는 짐승이 된 기분이었어. 방법을 모르겠어. 아무래도 우리 관계는 여기까지인 것 같아."


　민경은 어쩌면 자신에게 문제가 있을지도 모른다는 생각을 했다. 매번 비슷한 이유로 상대와 멀어지는 스스로에게 의문이 생겼다. 한편으로 자신이 많은 것을 기대하는 것도 아닌데, 화를 안 내는 착한 남자친구를 왜 만나지 못하는 걸까 답답하기도 했다. 그녀는 앞으로 그 누구를 만나도 비슷하거나 더 안 좋아질 것 같다는 생각에 용기를 내서 상담실 문을 두드렸다.

## 관계가 깊어지는 게 두려워요

민경의 첫 이미지는 상당히 인상적이었다. 키는 작은 편이고 체구는 아담한 데다 새하얀 피부에 귀여운 얼굴이었다. 20대 후반이라기에는 보호 본능을 일으킬 정도로 상당히 여리고 약하며 순수해 보였다. 그녀는 상담실 의자에 조심스럽고 위태롭게 앉아 내 얼굴을 똑바로 보지 못하고 슬쩍 훔쳐보듯 눈 맞춤을 했다. 마치 바람이라도 불면 금세 날아갈 것 같은 불안한 그녀와 차분히 상담을 이어갔다.

"민경 씨는 어떤 어려움으로 상담을 신청하게 된 건가요?"

"제가 최근에 남자친구랑 헤어졌어요. 이번뿐 아니라 이전에도 남자친구를 여러 번 만난 적이 있는데, 늘 길게 만나지 못해요. 또 만날 때에도 마음을 열고 기대기 어렵고 불안해요. 사실 남자친구뿐만 아니라 다른 사람들과도 편하게 얘기하고 관계를 맺는 게 어려운 것 같고요. 부끄럽게도 사실 1년에 한두 번 연락하는 친구들 말고, 평소 만나는 사람도 없어요. 왜 이렇게 사람들이랑 관계가 깊어지는 게 무섭고 어려운지 모르겠어요. 그렇다 보니 외롭기도 해서 뭔가 도움을 받을 수 있지 않을까 해서 오게 됐어요."

민경은 정서적으로 가까운 사람이 없다며 자신에게 문제가 있는 것 같다고 털어놓았다. 그녀가 사람들과 관계가 깊어지지 않는 이유는 부정적 감정을 주고받는 상황을 견디기 힘들어하기 때문이었다. 그 결과 당연히 누구와도 정서적 거리를 좁히지 못했다.

사실 일반적인 대인관계는 적절하게 거리를 둬도 무리가 없다. 오히려 적절한 거리 유지가 사회생활에서는 도움이 되고 유익할 때가 많다. 특히 회사 같은 곳에서는 적절한 거리 유지를 실패하면 여러 감정에 얽혀서 오히려 업무에 지장이 생긴다. 그래서 적당한 선을 두고 거리 두기를 하는 게 더 현명한 선택이다.

하지만 민경처럼 모든 관계에서 상대방과 거리를 유지하며 경계하면 이 역시도 문제다. 눈치 보지 않고 마음을 편하게 나눌 대상이 없다면 정서적 공허감이 상당해지고, 우울감이나 불안 같은 심리적 괴로움에 취약해지기 때문이다.

가족이나 친구, 애인처럼 중요한 대상과 마음을 주고받는 상호작용은 삶에서 매우 중요한 에너지가 된다. 그런데 민경은 에너지를 얻어야 할 깊은 관계에서도 어려움을 느끼고 있으니 안타까웠다. 왜 관계가 어렵고 불안해진 것인지 그 이유와 배경을 탐색하고, 화나 갈등에 대한 두려움이 어떻게 형성됐는지를 상담을 통해 살펴보기로 했다.

"화난 표정을 보거나 상대가 화가 난다고 말하면 어떤 상황이 예상돼요?"

"왜 그런지 모르겠지만 저는 일단 불편한 걸 서로 말하다 보면 말이 통하지 않을 것 같고, 서로의 마음을 이해하기보다는 계속 평행선을 달리다가 결국 소리 지르고 욕하고 싸우면서 더 크게 화를 낼 것 같아요. 상대가 흥분해서 저를 때리거나 물건을 던지거나 할 것 같기도 하고요."

"혹시 이전에 그런 경험이 있었나요?"

"제가 직접 경험하지는 않았는데, 어렸을 때 부모님이 정말 많이, 심하게 싸우셨어요. 그때마다 저는 방에 들어갔지만, 방 안에서도 싸우는 소리가 크게 들렸어요. 그래서 이어폰을 꽂고 노래를 듣거나 드라마를 보는 식으로 귀를 막았어요. 시간이 한참 지나고 잠잠해져서 나가보면, 엄마가 혼자 거실에서 막 울고 있고 아빠는 집 밖으로 나가버렸죠. 울고 있는 엄마에게 다가가서 달래주면, 엄마는 저한테 아빠 욕을 했어요. 그러면서 절대 네 아빠 같은 남자를 만나지 말라고 했고요. 또 그러면 전 엄마의 하소연을 다 들어줬어요. 지금 얘기만 해도 너무 지치는 것 같아요. 아빠는 왜 그렇게 폭력적인지 모르겠어요. 암튼 왜인지 모르겠는데, 얼굴 찌푸리거나 언성이 살짝 높아지면 그때 느꼈던 감정이 되살아나요."

민경은 부모님의 갈등을 매우 안 좋게 기억하고 있었다. 이야기하는 내내 울 것 같은 표정이었다. 그 시절에 겪었던 감정이 고스란히 올라오는지, 과거 기억을 떠올리면서 누군가에게 말하는 것만으로도 굉장히 힘들어했다.

그녀의 얘기를 들을수록 가족관계가 민경의 현재 관계에 굉장한 영향을 미쳤다는 사실이 선명해졌다. 현재 일상생활에서 사소한 일로 불편한 감정을 주고받기만 해도 방어적으로 돼버렸기 때문이다.

민경이 사람들과의 갈등에 과도하게 불안을 느끼는 것은 과거 경험이 '예기 불안anticipatory anxiety'을 조장한 결과였다. 예기 불안이란 현재 일어나지는 않았지만, 앞으로 일어날 수 있는 사건이나 상황에 대해 느끼는 불안을 말한다. 보통 과거에 힘든 일을 겪은 사람들은 그 경험이 반복되리라 생각한다.

현재 발생한 사건 때문에 느끼는 불안은 해당 사건이 끝나면 불안이 감소하기 마련이다. 그러나 예기 불안은 시작되지도 않은 사건에 대해 느끼는 불안이기 때문에 감소하지 않고 계속된다. 생각만 해도 스트레스를 느끼기에 일상에 상당한 영향을 미친다. 마치 '자라 보고 놀란 가슴 솥뚜껑 보고 놀란다'는 속담처럼 상대의 사소한 표정이나 말투를 통해 과거에 발생했던 큰 갈등을 빚은 사건을 예상하며 기겁하는 것이다.

민경의 이런 증상은 복합 PTSDpost traumatic stress disorder의 대표 증상이라고 할 수 있다. PTSD는 외상 후 스트레스 장애의 약자다. 정신장애 진단 기준에 수록되어 있는 PTSD가 단일 사건에 대한 반응이라면(이하 단일 PTSD), 최근 심리학자들의 관심을 끌면서 계속 연구되고 있는 복합 PTSD는 일정 기간 반복적으로 계속되는 사건에 대한 반응이다.

단일 PTSD의 경우 생명의 위협을 느낄 만한 사건, 예를 들어 자연재해나 각종 사건과 사고, 전쟁 등을 직접 겪거나 목격한 후에 불안 증상이 계속 나타난다. 구체적으로는 과거의 외상 사건과 비슷하거나 그 사건을 떠올리는 단서를 접했을 때 심각한 심리적 고통을 호소하고 이상 신체 반응이 나타난다. 예를 들어 교통사고로 죽을 뻔했던 사람들은 사고가 난 차와 동일한 차량을 보면 그때의 기억이 떠올라 무서워한다. 심할 경우 차에 타는 것조차 회피하는데, 어쩔 수 없이 차를 타면 안전한 상황에서도 심리적으로 불안정해지고 고통을 호소하며 신체적으로 식은땀을 흘린다거나 숨을 쉬지 못하는 등의 반응을 보인다.

그러나 가정폭력이나 학교폭력처럼 일정 기간 반복되는 외상 사건에 노출되었을 경우 나타나는 복합 PTSD는 단일 PTSD와는 다른 양상을 보인다. 단일 PTSD는 분명하게 공포와 두려움을 초래하는 자극과 상황이 존재한다. 따라서 과거의 외상 사건을 떠올리는 자극과 상황만 피하면 그만이다.

반면 복합 PTSD는 그 폐해가 더 광범위하게 나타난다. 불안, 걱정, 슬픔, 두려움이 일상을 지배한다. 또한 분노와 충동성이 높아지기도 한다. 그뿐만 아니라 인지적 기능이 떨어지면서 집중력이

# 외상 후 스트레스 장애 post-traumatic stress disorder 진단 기준

**A. 실제 죽음이나 죽음에 대한 위협, 심각한 부상 또는 성폭력 같은 외상 사건에 다음 중 한 가지 이상의 방식으로 노출된다.**

❶ 직접 경험

❷ 타인에게 일어난 사건을 직접 목격

❸ 가까운 사람에게 사건이 일어난 것을 알게 됨

❹ 외상 사건의 혐오스러운 내용에 반복적으로 노출

**B. 사건과 관련해 다음 중 한 가지 이상이 나타난다.**

❶ 반복적으로 계속 떠오르는 관련 기억

❷ 사건과 관련된 반복적인 꿈

❸ 사건을 다시 경험하는 느낌이나 해리 반응

❹ 사건과 관련된 자극에 노출 시 강렬한 고통

❺ 사건과 관련된 자극에 노출 시 현저한 생리적 반응

**C. 사건과 관련된 자극의 회피로 다음 중 한 가지 이상이 나타난다.**

❶ 사건과 관련된 기억, 생각, 감정의 회피

❷ 사건과 관련된 외부 요인(예를 들어 사람, 장소, 대화, 활동, 물건, 상황)의 회피

**D. 사건과 관련된 인지와 감정의 부정적인 변화로 다음 중 두 가지 이상이 나타난다.**

❶ 사건의 중요한 측면을 기억할 수 없음

❷ 자신과 타인, 세상에 대한 부정적 믿음과 기대

❸ 자신이나 타인에 대한 지속적인 비난과 왜곡된 인지

❹ 지속적인 부정적 감정(예를 들어 두려움, 분노, 죄책감, 수치심 등)

❺ 중요한 활동에 대한 흥미나 참여의 감소

❻ 타인으로부터의 고립감이나 소외감

❼ 긍정적 감정의 감소(예를 들어 행복, 만족감, 사랑 등)

E. 사건과 관련된 각성과 반응의 심각한 변화로 다음 중 두 가지 이상이 나타난다.

❶ 언어적, 신체적 공격으로 표현되는 과민성과 분노

❷ 무모하거나 자기 파괴적 행동

❸ 지나친 각성

❹ 과도한 놀람 반응

❺ 집중의 어려움

❻ 수면 장애

F. 증상이 1개월 이상 나타난다.

G. 증상이 임상적으로 심각한 고통이나 사회적, 직업적, 다른 중요한 기능 영역에서 장애를 초래한다.

H. 증상이 물질(예를 들어 약물, 알코올)의 생리적 반응이나 또 다른 의학적 상태에 기인한 것이 아니다.

낮아지기도 한다. 심리적으로 불안하거나 불편하면 배가 아프다거나 머리가 아프다는 등의 신체 증상을 호소하기도 한다. 자존감이 낮고, 스스로에 대해 부정적이며, 타인에 대한 신뢰도 부족하고, 더 나아가 대인관계 불안이 높아서 타인을 경계하고 의심하는 경향이 있다.

| 단일 PTSD | 복합 PTSD |
|---|---|
| 단일 사건에 대한 반응.<br>예) 자연재해, 각종 사건과<br>사고. | 일정 기간 반복적으로 지속<br>되는 사건에 대한 반응.<br>예) 학교나 가정에서 반복<br>된 폭력. |
| 공포와 두려움을 초래하는<br>자극과 상황이 분명함. | 공포와 두려움을 초래하는<br>자극의 범위가 넓으며 복합<br>적임. |

민경의 경우 아버지로부터 직접 폭행을 당하지는 않았지만, 아주 어린 시절부터 아버지의 폭력을 목격하면서 가정폭력을 경험했기 때문에 복합 PTSD를 겪고 있다고 볼 수 있다. 남자친구와의 관계에서 증상이 가장 크게 나타나지만, 다른 관계에서도 친밀하거나 밀접한 관계 맺기의 어려움을 호소했다. 그래서 나는 민경의 끔찍한 기억인 부모님의 갈등이 실제로 얼마나 심각했는지 들어볼 필요를 느꼈다.

## 엄마의 시선으로 세상을 보다

난 민경에게 부모님에 대해서 자세히 물어봤다. 이야기를 들을수록 유독 아버지에 관해 얘기할 때에만 민경의 감정이 더 실감 나게 살아났다. 주로 부정적 감정인 분노, 혐오감, 두려움의 감정이었고 아버지에 대한 미움이 느껴졌다. 어려서부터 그녀의 아버지는 밖에서 사람들에게 친절하며 사회성이 좋기로 유명했다고 한다. 사람들에게 늘 베풀고 양보하는 데 온 힘을 다하였다.

민경은 자신의 아버지가 사람들에게 어떻게 보이는지에 예민한 사람이라서 그런 것 같다고 생각했다. 본인의 이미지에 작은 흠집이라도 생기면 매우 예민하게 반응했다. 민경이 교회에서 봉사를 안 하겠다고 투정을 부리거나 교회를 안 나가겠다고 하면 "네가 내 딸인 거 사람들이 다 아는데, 그럼 내 얼굴이 뭐가 되냐?"면서 무섭게 혼냈다고 한다. 가정 밖에서는 다른 사람의 실수에 관대하지만 정작 집에서는 어머니나 민경의 실수에 불같이 화를 내는 아버지의 모습이 민경이나 어머니에겐 위선적으로 보였을 것이다. 집에서는 야박하게 굴면서 집 밖의 사람들에게는 한없이 친절한 모습 때문에 부모님은 늘 싸웠다고 한다. 다툼은 늘 어머니의 비난에서 시작되었다.


"당신은 밖에서 하는 것 반의반이라도 집에서 잘해봐!"

"멍청한 년. 진짜 너는 희한하고 이상한 년이야. 눈치도 더럽게 없고. 척하면 척이지. 사람들 왔는데 분위기도 못 맞추고. 네가 제대로 하는 게 뭐야. 사회생활 안 한 티가 이렇게 난다니까. 사람이 베풀 줄도 알아야지. 교회는 왜 다니니? 교회에서 뭘 배우는 거야?

사람들 앞에서 똥 씹은 표정이나 하고 앉아 있고, 남편 얼굴에 아주 똥칠을 해라. 여자가 인색하고 속은 더럽게 좁아가지고, 답답해 죽겠네, 씨발, 말도 안 통하고. 이놈의 집에 들어오질 말아야지. 에이 씨발. 말도 안 통하는 년이랑 같이 살다가 아주 정신병 걸릴 거 같아."

민경은 아버지가 어머니에게 험한 말이나 욕을 할 때마다 너무 무서웠다. 아버지는 심하게 화가 나는 날에는 자기 분을 못 이겨 물건을 집어 던지거나 손을 들어 올리면서 어머니를 때릴 것처럼 위협했다. 그런데 민경은 아버지가 어머니에게 했던 말이나 태도가 마치 자신에게 하는 것처럼 느껴졌다고 했다.

부모님의 부부싸움은 어머니가 아버지를 비난하며 시작됐지만, 아버지가 공격적으로 반응하기 시작하면 어머니는 불안에 떨었다. 아마도 독이 잔뜩 오른 남편을 더는 자극하지 않는 것이 나을 것 같아서 그랬을 것이다. 그렇게 아버지가 폭군처럼 집 안을 휘젓고 나가버리면 남겨진 어머니는 울면서 남편이 얼마나 폭력적인지 딸인 민경에게 하소연을 했다. 그렇게 어머니의 치욕스러움과 분노의 감정이 딸인 민경에게 고스란히 전달되었다. 그렇게 매번 어머니 입장에서만 얘기를 듣다 보니, 부부가 같이 싸웠는데 그녀는 아버지가 더 많이 잘못했다고 생각했다.

# 가족 안에서의 삼각관계

이렇게 자녀가 한 명의 부모와 한 팀이 되어 다른 부모를 대적하는 현상을 가족치료에서는 '삼각관계triangulation'라고 부른다. 삼각관계는 부부 사이의 갈등이 심할 때, 자식을 그 사이에 끌어들여 둘의 갈등을 회피하는 것을 말한다.

가령 아내가 무심한 남편에 대한 서운함에 시달리다가 결국 자식에게 집착하고 매달리는 예도 있고, 남편에 대한 분노를 자식에게 하소연하여 자식을 자신의 편으로 만드는 경우도 이에 해당한다. 물론 자녀가 언제나 어머니와만 한 팀이 되는 것은 아니다. 자녀 양육을 주로 하는 사람이 어머니일 때가 많아서 그렇지, 때에 따라서는 아버지와 한 팀이 되어 어머니를 적대시하는 예도 있다.

가족 내 삼각관계는 여러 문제를 일으킨다. 먼저 부부 사이의 문제 해결을 방해한다. 부부싸움을 건강하게 하는 방법은 화내고 등을 돌리는 것이 아니라, 다시 마주 앉아서 무엇 때문에 자신과 상대가 그렇게 화가 났는지 정확히 전달해야 한다. 그리고 필요하다면 서로를 존중하고 배려하며 자신의 행동을 조율하는 과정을 거쳐야 한다.

그러나 삼각관계가 형성되면, 부부가 다시 마주 앉기보다는 자신의 억울함을 자녀에게 쏟아내면서 감정을 해소한다. 감정 해소는 물론, 자녀가 정서적으로 지지도 해주고 편도 들어주니 굳이 상대 배우자와 마주 앉지 않아도 된다. 그러면 부부 사이의 문제는 해결되지 못한 채로 남는다.

이런 상태가 계속되면 부부는 결국 정서적으로 멀어지고 만다. 정서적으로 멀어지면 직접적인 싸움은 없지만, 서로 소통하지 않는 '정서적 이혼 상태'가 된다. 즉 함께 살지만, 따로 사는 것 같은 상태다. 이럴 때 부부는 자녀를 메신저로 사용해 배우자에게 이야기하는 경우도 있다.

"아빠한테 식사하시라 해."
"아빠, 엄마가 식사하시래요."
"엄마한테 밥 안 먹는다 그래."
"엄마, 아빠는 식사 안 하신대요."

또 어떤 부부는 자녀를 서로 자기편으로 끌어들이기 위하여 경쟁하기도 한다. 그래서 자녀를 붙잡고 상대 배우자의 나쁜 점을 이야기하면서, 자신이 옳다는 확신을 얻고 싶어 한다. 만약 이때 자녀가 상대 배우자의 편만 들고, 자신을 비난하면 분노의 대상은 배우자에서 자녀로까지 확대된다. 그래서 자녀가 가정폭력의 피해자가 되기도 한다.

가족 내 삼각관계의 가장 큰 문제는 자녀가 온전한 자기 자신으로서 살지 못한다는 데 있다. 어린 시절부터 부모의 부부싸움에 중재자 역할을 하고 자랐기 때문에, 자신이 계속 부모의 싸움을 중재해야 한다고 생각할 수 있다. 성인이 되어서도 부모를 벗어나지 못할 수 있다.

그리고 민경처럼 아버지로 대표되는 남자를 무서워하거나, 비난했던 어머니의 메시지를 그대로 받아들여서 세상의 모든 남자를 경계한다. 그래서 자신에게 화를 낼 때까지 끊임없이 자극하며 시험하기도 하고, 아주 약한 부정적 감정의 표현도 과도하게 해석하기도 한다. 사실 부부간에 큰 소리 내며 싸우는 것이 당연한데, 민경은 한 번도 부부싸움이 건강한 부부간의 의사소통으로 끝나는 것을 본 적이 없어서 '화내는 것은 무조건 나쁘다'라고 인식할 수밖에 없었다.

민경의 가족관계를 들여다볼수록 나는 민경의 어머니가 민경보다 갈등 상황에서 더 취약하다는 것을 알 수 있었다. 민경의 어머니가 성장한 과정을 들어보니 어려서부터 오빠에게 신체적으로 폭력을 당했다고 한다. 어머니는 오빠에게 대항할 힘도 없었을 뿐만 아니라 자신을 지켜줄 사람도 없었기에 무기력하게 폭력을 당하기만 했다. 그 결과 작은 자극에도 예민해졌고 누군가 조금만 화를 내도 자신을 스스로 지킬 수 없었던 어린 시절로 돌아간 듯 아이처럼 굴었다.

민경은 어머니가 분노에 취약하고 심리적으로 어린아이 상태라는 사실을 알 리가 없었다. 민경에게 어머니는 태어날 때부터 어른이었고, 자신의 '엄마'였으니 말이다. 민경은 어머니의 시선으로 아버지를 바라봤고, 그래서 나쁜 사람으로 인식했다. 어머니와 마찬가지로 갈등 상황에 취약한 채 성인이 되었다.

사실 민경의 부모 관계를 객관적으로 자세히 보면 갈등 상황에서 어머니가 가만히 있기 때문에 상대적으로 아버지가 더 크게 화를 내었다고 볼 수도 있었다. 건강한 관계란 한 사람이 일방적으로 화내거나 참아주는 관계가 아니라 서로 할 말을 하는 관계다. 누군가와 지낼 때, 두 사람의 생각이 다를 수밖에 없으므로 불쾌하거나 기분 나쁜 상황이 생기게 마련이다. 그럴 때마다 서로가 적절히 자신의 의견이나 마음을 표현한다면 동등한 관계가 유지된다. 물론 이 과정에서 싸움이 크게 발생할 수도 있지만, 이것이 두려워서 한쪽이 일방적으로 참거나 맞춰주면 갈등의 골은 점점 더 깊어진다.

나약한 어머니를 보고 자란 민경은 갈등을 인지할 때, 편향되게 바라볼 수밖에 없었다. 민경이 보기에는 부모님이 동등해 보이지 않았고, 상대적으로 약하고 아래에 있는 어머니의 편에 설 수밖에 없었을 것이다. 이렇게 성인 자녀가 여전히 부모의 입장에 동화되어, 부모의 생각과 판단 기준을 여과 없이 받아들인 상태를 가리켜 '미분화undifferentiation'라고 한다.

어렸을 때는 부모와 분화되지 않는 것이 정상이지만, 성인이 되면 부모로부터 분리되어야 한다. 부모의 삶과 자신의 삶이 다르고, 부모의 판단이나 시선에서 벗어나 자기만의 판단 기준과 시선으로 세상을 바라봐야 한다. 민경처럼 가족 내 삼각관계를 지속해서 경험한 경우에는 독립적인 개체로 성장하지 못하고 미분화 상태에 계속 머물게 된다.

이 상황이 지속되면 민경 역시 어머니처럼 살아갈 가능성이 크다. 어머니처럼 자신은 약하고, 상대는 언제든지 자신을 공격할 수 있다고 생각하기 때문에 연애가 오래가지 않는다. 어쩌다 항상 웃고 친절하게 대해주는 남자를 만난다면 결혼으로 이어질 수도 있다. 하지만 함께 살면서 매 순간 친절하고 다정한 상태를 유지할 수 있는 사람은 없다. 그래서 남편이 조금이라도 화를 내면, 민경은 남편에게 속았다는 느낌이 들 테고, 결국 남편을 괴물 쳐다보듯이 무서운 눈빛으로 보거나, 아니면 자신을 보호하기 위해서 상대를 비난하는 말을 하게 된다. 그러면 상대적으로 남편의 입장에서는 그렇게 배려해주고 맞춰줬는데, 자신을 괴물처럼 쳐다보며 비난하는 아내에게 더 큰 분노가 생길 수도 있다.

이처럼 갈등이 많은 가정에서 자라 부모와 미분화된 자녀가 성인이 되어 자신의 부모와 비슷한 모습으로 가정을 꾸리는 현상은 우리 주변에서 너무나 쉽게 볼 수 있다. 이런 면에서 가족치료를 전문으로 하는 상담자들은 가족 상담을 할 때는 최소 3세대를 살펴봐야 한다고 말한다.

# 지금부터, 지금까지와는 다르게

민경을 어머니로부터 어떻게 감정적으로 분리할 수 있을까? 이를 위해서는 부모님의 부부싸움을 다르게 볼 수 있어야 한다. 다시 말해 아버지가 나쁘고 어머니는 불쌍하다거나, 모든 책임이 아버지에게 있다는 관점에서만 보는 게 아니라, 두 사람이 서로에게 영향을 미쳤다는 사실을 깨달아야 한다. 즉 어머니가 약자의 입장을 취했기 때문에 아버지가 더 크게 화를 냈다는 걸 인정해야 한다.

물론 이런 시각에는 논란의 여지가 있다. 폭력 사건에서 가해자와 피해자를 분명히 구분해 어떤 경우에도 피해자에게 그 책임을 물어서는 안 되기 때문이다. 그러나 심리적으로 보자면 단순하게 가해자와 피해자로 나뉘지 않는 상황도 많다. 이건 피해자에게 책임을 묻자는 의미가 아니다. 관계에서는 어떤 식으로든 상대에게 서로 영향을 미치는 바가 있다는 점을 염두에 두는 것이다.

예를 들어 어느 가정에 자녀가 두 명 있다고 하자. 이때 한 아이가 말썽을 피우면 나머지 아이는 얌전해보이기 마련이다. 얌전한 아이가 착하다는 말이 아니다. 한 아이가 말썽을 피웠기 때문에 상대적으로 남은 아이는 착한 자리에 서게 되는 것이다. 민경의 아버지가 늘 화를 내고 소리를 지르는 자리에 있을 수밖에 없었던 이유는 상대적으로 어머니가 참고 인내하는 자리에만 있었기 때문이다.

어머니도 같이 화를 냈다면 아버지의 분노는 달라지지 않았을까? 일시적으로는 더 큰 싸움이 났겠지만, 아버지 입장에서도 어머니의 반응이 무섭거나 더 큰 싸움을 만들고 싶지 않아서 스스로 절제하는 힘을 키웠을 수도 있다. 이런 면에서 민경은 아버지가 왜 그렇게 화를 폭발적으로 낼 수밖에 없었는지, 그리고 화를 내는 사람만 정말 나쁜지를 생각해볼 필요가 있다.

민경은 실제 상황에서 일반적으로 느끼는 불안보다 더 과도하게 불안에 압도되었다. 이는 복합 PTSD의 대표적인 증상이다. 불안이라는 감정은 생활 속에서 흔히 접하는 괴롭고 불쾌한 느낌이다. 많은 이들 앞에서 발표하거나 중요한 시험을 치를 때 흔히 불안해한다. 위협적인 동물을 마주하거나 크게 다칠 수 있거나 높은 곳에 있을 때도 공포를 느끼고 긴장한다. 이런 불안을 느끼면 부정적 결과를 막기 위해서 경계하며 조심스럽게 행동한다.

만약 아찔한 높이의 공사 현장이나 높은 다리 위에서 불안을 전혀 느끼지 않아서 조심성 없이 움직였다간 높은 곳에서 떨어져 크게 다치거나 생명에 지장이 생길 수 있다. 그래서 불안이라는 감정은 자신을 보호하는 자연스러운 반응이라고도 할 수 있다.

그런데 이런 자연스럽고 실제로 경험하는 불안 말고 필요 이상으로 과하게 느끼는 불안도 있다. 예를 들어 지나치게 예민해서 수시로 위험을 느끼면 필요 이상으로 불안해져서 혼란스러워질 수 있다. 이런 면에서 민경도 부모님의 실제 갈등 상황이나 관계에 비해 자신이 느끼는 불안이 과도하다는 것을 스스로 인지할 필요가 있었다. 상담해보니 확실히 민경을 지배하는 공포심에 비해 그녀가 목격한 부모님의 부부싸움은 생각보다 위협적이지 않았다.

"혹시 어릴 적에 아빠가 엄마를 때리기도 하셨나요?"

"아니요. 그런 적은 없었어요."

"그럼 아빠가 어떻게 화를 낸 게 무서웠나요?"

"소리치고 엄마한테 욕할 때, 그리고 소리치다 때리는 시늉을 하거나 그런 게 너무 무서웠어요."

"그랬군요. 일주일에 얼마나 자주 싸우셨나요?"

"아, 두 달에 한 번? 아니 석 달에 한 번인가? 아무튼 일 년에 서너 번 정도였던 것 같아요."

그녀의 부모님이 싸운 횟수는 내 예상보다 훨씬 적었다. 그러나 민경은 다른 집보다 본인의 부모님 사이가 유독 더 좋지 않다고 오해했다. 민경은 다른 가정은 어떤지 알지 못한 채, 그저 어머니가 그녀에게 하소연하는 내용에만 마음이 쏠려 있어서 부모님의 갈등 문제가 특별히 심각하다고 여겼다. 이 정도는 다른 집에서도 종종 일어나는 갈등 상황이란 사실을 민경은 몰랐다.

민경은 어머니의 주관적 입장에서 분리하여 객관적으로 자신의 집을 바라보고, 현재 느끼는 부적절한 불안이란 감정을 극복해야 했다. 특히 민경의 아버지가 유독 화가 많고 폭력적이고 아내에게 다정하지 않다고 생각했는데, 사실은 그게 아니라 누구든지 늘 다정하기 어렵고 힘들면 화나 짜증을 낼 수도 있다는 점을 인식해 나가도록 도왔다. 또한 그녀가 가지고 있는 남자에 대한 비현실적 기준을 수정해서 건강하게 갈등하고 부정적 감정도 견뎌야 깊은 관계를 맺을 수 있다는 인식을 심어주는 데 집중했다.

그리고 무엇보다 민경 스스로도 화가 날 수 있다는 사실을 아는 것이 중요해 보였다. 민경이 호소한 대부분 감정이 불안이었는데, 그동안 불안에 가려져 미처 깨닫지 못했던 다양한 감정을 찾아보기 시작했다. 자신의 감정을 알고 인식해야 타인의 감정에 대한 수용도 수월해지기 때문이다.

"남자친구와 밥 먹을 때 느꼈던 감정은 그의 표정이 어두워서 무서운 게 아니라 민경 씨한테 소홀한 것 같아서 서운하고 화가 났던 게 아닐까요?"

"기분이 유쾌하지 않았는데, 그걸 무섭다고 생각했던 것 같아요."

민경은 본인이 느끼는 모든 부정적인 감정을 공포의 감정으로 바꿔버리는 경향이 있었다. 여러 번의 대화를 통해 그 원인이 어릴 적에 반복적으로 경험한 감정과 연결되어 있음을 발견했다.

그녀에겐 동생이 있었는데, 매번 자기 멋대로 행동하는 동생 때문에 언니였던 민경은 자주 화가 나곤 했었다. 하지만 그때마다 민경은 어머니에게 그런 감정을 철저히 부정당했다. 왜 화가 났는지 물어봐 주거나 이해받기보다는 비난을 받았다. 어린 민경은 어머니가 증오하는 아버지처럼 자신이 똑같은 취급을 받을까 봐 두려워져서 점점 자기감정을 철저히 숨겼다. 그녀는 그때의 감정을 상담을 통해 기억해내고 재인식하면서 사람은 누구나 분노할 수 있다는 사실을 천천히 받아들였다.

## 부모의 관점이 아닌 자신의 시선으로

나는 민경이 과거 부모님의 부부싸움을 객관적이고 정확히 인식하도록 하는 데 집중했다. 민경은 부모님이 어떻게 싸우게 됐는지 거의 알지 못했다. 자신을 공포에 휩싸이게 만든 그 상황의 실체를 정확히 모르면, 공포와 두려움을 극복할 수 없는 법이다.

일단 민경은 어머니의 생각과 시선에서 벗어나는 것이 시급했다. 사람들은 누구나 자기 관점에서 모든 상황을 해석하기 때문에 의도하지 않아도 과장하거나 왜곡하는 경향이 있다. 그래서 과거 사건을 제대로 이해하려면 아버지와 대화를 나누는 시간이 필요했다. 그녀는 어머니의 성장 과정에 대해서는 잘 알았지만 아버지에 대해서는 아는 사실이 거의 없었다.

민경은 용기를 내서 아버지와 대화를 시도했다. 민경의 아버지는 할아버지가 가장 역할을 하지 못해 초등학교를 졸업하고 바로 취업전선에 뛰어들어야 했다. 그래서 정서적으로나 물리적으로나 돌봄을 제대로 받지 못한 상태로 자랐다.

민경은 처음으로 '아버지도 어머니처럼 정서적으로 돌봄을 받고 싶었겠다'라는 생각을 하게 됐다고 한다. 특히 민경은 자신의 아버지가 사람들의 시선에 예민한 것이 어린 시절 충족돼야 했던 인정욕구를 보상받기 위한 행동이라는 사실을 알게 되면서 충격을 받았다. 아버지는 자기 확신이 부족하고 애정 결핍이 상당해서 가정 밖에서 자신 있게 표현하지 못했던 거였다. 게다가 매번 자신의 감정표현에 과도하게 얼어버리는 아내 앞에서 혼자만 나쁜 사람이 된 것 같아서 많이 외로웠다.

사람은 어릴 적부터 지지와 애정을 충분히 받으면 후에 남이 인정해주지 않더라도 자기 확신으로 외부의 부정적인 자극을 기꺼이 버텨낸다. 그러나 수용의 경험이 충분히 채워지지 않은 사람은 외부 반응에 따라 수시로 감정과 자존감이 흔들린다. 자기 안에 스스로에 대한 믿음이 심어지지 않았기 때문이다.

결국 민경은 아버지도 약하고 부족한 사람이었다는 사실을 받아들였다. 그리고 남자가 일방적으로 참아주고 받아줘야 한다는 편향된 성 역할의 기준도 수정했다. 남자와 여자를 강자와 약자로 나눠서 보지 않고 둘 다 불완전한 인간이라는 동등한 시선으로 보게 됐다.

"부모님은 주로 무슨 일로 싸우시나요?"
"생각해보니까, 엄마가 아빠 집안에 관해서 말할 때 싸우는 것 같아요."

민경의 어머니는 자주 남편 앞에서 자녀들에게 시댁을 흉보듯이 말했다. 아버지는 그런 아내의 행동에 노발대발 화를 냈고, 어머니는 왜 화를 내는지 이해하지 못했다. 남편이 화를 내는 행동에만 집중해 폭력적이라고 비난했다. 당연히 아버지가 왜 그렇게 화를 내는지 어머니를 포함해 가족 중 아무도 이해하지 못했다.

특히 민경의 어머니는 독단적으로 결정하고 행동하는 부분이 많았는데, 한번은 이런 일이 있었다. 할아버지가 민경의 집에 연락도 없이 찾아왔다. 그렇게 3, 4일이 지났을 때쯤 민경의 어머니는 남편이 일을 나갔을 때, 시아버지를 택시에 태워 고향으로 보내버렸다. 퇴근 후 자신의 아버지를 보내버린 사실을 안 남편은 불같이 화를 냈고, 아내와 크게 다퉜다. 그는 아내가 자신의 집안과 자신을 무시해서 한 행동이라며 크게 분노했다.

이외에도 어머니는 아버지가 교회 직분을 선출하는 선거에서 떨어져 크게 낙심하여 교회를 떠나려 했을 때 남편과 상의 없이 봉사를 하겠다고 교회에 말을 해버리는 등 남편의 감정은 무시하고 자존심을 긁는 행동을 반복했다.

부모님 갈등의 공통점을 찾아보니 열등감 덩어리인 아버지를 어머니가 무시하는 행동을 하면서 아버지의 분노를 자극할 때가 많았다. 민경은 이렇게 다툼의 과정을 자세히 살펴보지 못한 채 소리 지르며 욕하는 아버지만 나쁘다고 생각했다는 사실을 새롭게 이해했다.

이처럼 어떤 과정을 거쳐 화가 났는지를 이해하는 것은 매우 중요하다. 민경은 외톨이였던 아버지를 오해한 지난 시간이 떠올라 미안한 마음이 들었다고 한다. 또한 감사하게도 아버지의 분노를 이해하고 나니 민경의 삶에 불쑥 찾아오는 기억의 조각들이 다르게 보이기 시작했다.

민경은 누군가 화를 내면 여전히 순간 놀라긴 하지만 이전처럼 거부감을 느끼는 않았다. 화는 무조건 나쁘다는 생각이 사라지면서 내면의 감정을 있는 그대로 인정할 수 있었다. 민경은 더는 과거의 경험으로 지금 자신 앞에 있는 사람을 바라보지 않는다.

8장

# 사랑받고 싶은
# 마음이었구나

# 질투의 여왕

은희 이야기

은희는 심리학과 대학원생이다. 스물여섯 살의 그녀는 최근 들어 스스로도 이해가 안 될 만큼 갑작스레 짜증이 자주 올라오는 걸 느낀다.

　특히 대인관계에서 유독 마음이 뒤틀릴 때가 많다. 친구, 학교 동기 그리고 가족관계에서까지 마음이 불쾌해질 때가 있는데, 그 이유를 명확히 알 수 없어 답답하다. 그래서 퉁명스럽게 말을 해버리거나 욱해서 언성이 높아지곤 한다. 그러고 나면 주변 분위기도 어색해지고 은희 자신도 당황스럽다.

　특히 가족과 함께할 땐 그 정도가 더욱 심해진다는 것이 문제였다. 한번은 가족끼리 여행을 하고 집으로 돌아가는 길에 잠시 휴게소에 들렀을 때였다. 아버지가 운전하는 차 뒷자리에서 은희는 잠을 자고 있었다.


　"언니 일어나, 휴게소야. 뭐 먹으러 간대. 난 차에서 좀 쉬고 싶어."

　"아, 진짜?"


　차창 밖으로 주변이 시끌시끌했다. 어머니는 이미 화장실을 간 상태였고, 아버지와 동생만 차에 있었다. 동생의 목소리에 잠에서 깬 은희는 몸을 일으켜 밖으로 따라나서려 했다. 그런데 아버지는 차에서 쉬겠다는 여동생에게만 차 문을 열어주면서 "아이스크림

사 먹으러 가자"라고 하고, 옆에 앉아 있던 은희에게는 "너는 차에 있을 거지?"라고 무심하게 말했다. 순간 은희는 그 둘 사이에서 속이 뒤틀리는 느낌이 들었다.

결국 아버지의 설득으로 동생도 은희와 함께 차에서 내렸다. 은희는 불쾌한 마음을 누르고 깍두기가 된 것 같은 모양새로 아버지와 동생을 뒤따라갔다. 마치 초대받지 않은 파티에 가는 기분이었다. 그렇게 식당으로 따라 들어가 자리에 앉은 은희는 마음이 계속 불편했다. 결국 아슬아슬하게 감정을 억눌러 참았던 은희가 톡 쏘듯이 말했다.


"아빠, 나한테 뭐 기분 나쁜 거 있어?"

"그게 무슨 말이야?"

"아까 은영이는 차에서 쉰다고 하는데도 가자 그러고, 나한테는 가겠냐고 묻지도 않고 차에서 쉴 거냐고 말했잖아."

"너 피곤해 보여서 쉴 줄 알고 그런 거지."

"아니, 은영이는 피곤하니 쉬겠다고 했는데도 같이 가자고 그랬으면서 나한테는 왜 묻지도 않느냐고! 아빠가 생각해도 이상하지 않아? 왜 사람을 차별해?"

"운전하느라 피곤해 죽겠는데 자꾸 헛소리할래? 뭐가 이상해? 네가 계속 졸기에 피곤해 보여서 그랬다니까!"

"아니, 은영이도 피곤하다 했다고! 왜 말귀를 못 알아들어? 왜 사람 차별하냐고!”

“너 자꾸 분위기 이상하게 만들래? 짜증만 낼 거면 그냥 차로 가서 잠이나 자!”

“왜 화를 내? 내가 뭘 잘못했는데! 내가 왜 욕을 들어야 해? 그리고 내가 차에 왜 가? 아빠가 가!”


은희는 너무 억울했다. 잘못한 것도 없이 욕을 들었다는 생각에 열이 뻗친다. 또한 서러운 마음에 눈물이 멈추질 않는다. 철저히 혼자 세상에 남겨진 것만 같았다. 자신이 뭘 그렇게 잘못해서 타박을 들어야 하는지 억울하기만 했다.

그런데 다시 생각해보니 그 순간 왜 그렇게 갑자기 화가 났는지 자신도 이해가 잘되지 않았다. 어디서부터 잘못된 것인지, 왜 오늘따라 깍두기가 된 것 같은 기분이 들고 아버지가 자신을 싫어한다는 생각이 들었는지, 그 순간 감정을 통제하기 힘들었다.

은희는 아버지와의 싸움에서뿐 아니라 다른 관계들에서도 이런 불쾌한 기분이 자주 들었다. 조연이 된 느낌, 두 사람 사이에 낀 눈치 없는 방해꾼이 된 것 같은 그런 느낌이다.

학교에서도 친해진 동기들이 자신보다 다른 친구를 더 아끼고 챙기는 게 느껴질 때마다 심리적으로 불안했다. 사람들의 관심이 다른 사람에게 향하는 그 느낌이 너무도 견디기 힘들었다.

최근에 이런 일도 있었다. 은희에게는 소진과 정현이라는 친한 친구들이 있다. 이 둘과는 중학교 때부터 셋이서 붙어 다녔다. 그 둘과 지낼 때도 때때로 소외감이 들어 힘들었지만 내색하지 못한 채 관계를 이어갔다. 그러다가 시간이 지나 각자 머무는 지역이 달라지면서 서서히 멀어졌다.

사실 은희는 친구들과 거리감이 생기는 게 처음엔 크게 불편하지 않았다. 그런데 문제는 소진과 정현이 같은 지역으로 직장을 잡게 돼 둘이 만나는 일이 잦아지면서부터 시작되었다. 특히 단톡방에서 둘이 은희만 모르는 이야기를 하거나 서로에게 친근한 표현을 쓸 때마다 속상한 마음이 생겼다. '어쩜 저렇게 배려가 없을까'라는 생각에 화가 나기도 했다.

"소진아, 어제 먹은 낙지와 곱창 맛있었지? 또 먹고 싶다."

"그러게. 정현아, 다음에 다시 가자."

"참, 소진이 너 오늘 회사 일 잘 넘겼어?"

"어. 진짜 걱정 많이 했는데, 잘 넘어갔지. 너한테 얘기하길 잘했어. 네 말대로 했더니 크게 뭐라 안 하더라고. 고마워."

"근데, 은희 너는 왜 말이 없어?"

정현과 소진 사이에서 은희는 소외감을 느꼈다. 마치 그 둘이 이전부터 자신을 싫어했는데, 이번 기회에 작정하고 따돌리는 것 같다는 생각마저 들었다. 은희는 결국 친구들과 함께하는 채팅방을 나가버렸다. 그 이후 은희의 속마음을 알 리 없는 정현과 소진은 그녀에게 계속해서 연락을 취했지만 은희는 친구들의 연락을 무시했다. 은희는 자신이 왜 그렇게까지 화가 났는지 친구들에게 제대로 전하지도 않고 혼자 분노할 뿐이었다. 결국 정현과 소진은 이유도 알지 못한 채 은희와의 관계가 끊어졌다.

은희는 자신이 누군가에게 중요한 사람인지 아닌지가 매우 중요했다. 대학원의 친한 동기들끼리 만나는 약속을 잡을 때도 그런 성향이 강하게 나타났다. 네 명이 약속을 정하다 보니 가끔은 서로 시간이 안 맞아서 한 명 정도는 모임에 참석하지 못하는 일이 있곤 했다. 그중에 미진이라는 동기가 시간이 맞지 않아서 수차례 그 친구만 빼고 만나다 보니, 어느 날 미진이 자신만 빼고 만나는 게 너무 서운하다고 표현했다. 그 이야기를 들은 은희를 제외한 나머지 두 명의 친구들은 이번엔 최대한 미진에게 맞춰 일정을 짜자고 의견을 모았다. 결국 미진이 가능한 일정에 맞춰 약속이 변경되었다. 그러자 은희가 미친 듯이 화를 냈다. 왜냐하면 정작 바뀐 시간에 은희는 다른 일정이 있어서 나갈 수 없었기 때문이다.

'나보다 미진이가 더 중요하구나? 그래, 너네끼리 잘살아라. 나쁜 년들.'

은희는 미진의 한마디에 기다렸다는 듯이 약속을 바꾼 다른 친구들에게 배신감을 느꼈다. 이미 잡은 약속을 미진에게 맞춰서 바꾼 것이 도무지 이해가 되지 않았다. 그렇다 보니 서운함을 토로한 미진도 밉고, 나머지 두 친구에게도 짜증이 났다.

최근 이렇게 분노할 일들이 반복되고, 겉으로는 감정 조절을 한답시고 아무렇지 않은 척하다 보니 가끔은 숨 쉬기가 불편할 정도로 가슴이 답답해졌다. 결국 그녀는 감정을 억누르는 데 한계에 달했고, 사람들과의 관계도 끊어져서 괴로운 마음에 상담실을 찾아왔다.

## 조연이 된 것 같은 불쾌한 기분

은희의 이야기에는 공통분모가 있었다. 자신과 애정을 나눠 가져야 하는 경쟁자가 있다는 것, 따라서 늘 그러한 구도에서 두 번째가 되는 느낌을 경험한다는 것이었다. 그녀는 질투심에 휩싸일 때마다 화가 폭발했다. 사랑받고 싶은데 받지 못할 위기에 처하면 분노하는 것이다.

모든 감정은 대상이 있다. 감정이 대상을 찾지 못하면 우울감에 빠져든다. 그렇기에 질투심 역시 상대에게 직접적으로 정확히 전달되지 않으면 불쾌한 기분 상태에서 벗어날 수 없다.

물론 질투를 느낄 때, 저마다 보이는 반응은 매우 다양하고 복합적인 양상을 띤다. 슬퍼하기도 하고 불같이 화를 내기도 한다.

또는 자책하면서 위축된 모습을 보이는 이들도 있고, 적극적으로 애정을 갈구하는 이도 있다. 사실 질투라는 감정은 "부럽다"라는 말로 표현하는 것이 제일 좋다. 감정을 말로 표현하면 어느 정도 해소되기 때문이다.

연말이 되면 연예대상이나 연기대상과 같은 시상식이 넘쳐난다. 2019년 SBS 연예대상에서 방송인 김구라 씨가 한 말이 한때 회자되었다. 당시 대상 후보가 아홉 명이었는데, 진행자 MC가 대상 후보자들을 한 명씩 돌아가며 인터뷰했다. 후보자였던 김구라 씨의 차례가 됐을 때, 그는 이렇게 말했다.

"내가 (대상 후보인 것이) 납득이 안 되는데 시청자들이 납득이 될까 걱정이다. 방송이라 구색 맞추려고 여덟 명을 넣은 것 같다. 어쨌든 이 자리에 앉아 있는 것 자체가 굉장히 영광스럽지만 앉아 있는 것도 쉬운 일은 아니다."

병풍 역할을 하는 것이 쉬운 사람이 어디 있을까? 존재감이 없는 게 좋은 사람이 어디 있겠느냐 말이다. 김구라 씨의 솔직한 발언으로 인해 이후 다른 병풍들도 한마디씩 귀여운 투정을 했다. 유력한 대상 후보를 제외한 나머지 후보들이 병풍 노릇만 하며 질투심에 속이 썩어가는 것이 아니라 자신의 감정을 솔직하게 표현했다. 개그우먼 이영자 씨도 "나는 구색이다. 나는 병풍이다"라며 아주 유쾌하게 질투심을 드러냈다. 이렇게 감정을 표현해야 질투심이 해소된다.

질투라는 감정을 적절하게 표현하지 못하면 자기와 대상에 대한 부적절한 개념이 형성되는데, 가령 자기는 '사랑받지 못하는 존재'로 남고 타인은 '내 사랑을 빼앗는' 아니면 '나를 미워하는' 사람이 된다. 안타까운 점은 잘못된 고정관념 때문에 관계를 다르게 인식하고 경험할 기회마저도 없어진다는 것이다.

나는 은희를 다른 시선으로 볼 수도 있겠다고 생각했다. 어쩌면 그녀는 매번 질투심을 느낄 위치에 있었다. 그 지점이 매우 의미 있게 보였다. 다시 말해 은희는 자신을 늘 자판대에 놓인 물건처럼 상대에게 모든 권한을 주고 있었다. 누가 자신을 더 사랑하는지 아닌지가 중요했고, 상대의 반응에 따라 천당과 지옥을 오갔다. 은희는 늘 관계에서 수동적으로 대응했고, 자신이 원하는 것을 상대가 주지 않으면 분노했다.

만약 관계에서 주도적으로 반응한다면 자연스럽게 상대방은 나에게 사랑을 받거나 못 받는 위치에 선다. 결국 관계 설정에 따라 모든 일은 내가 당할 수도 있고, 내가 만들 수도 있다. 이런 관점으로 보자면 상대에게 선택받지 못해 발생하는 질투심과 분노가 영원불변한 것이 아님을 알 수 있다. 관계 설정만 바꾸면 좀 더 적극적으로 반응할 수 있을뿐더러, 질투심과 분노를 느끼게 된 상황에서도 자신의 마음을 상대에게 표현할 수 있다.

자신이 느끼는 감정을 말로 직접 표현하기는 생각처럼 쉽지 않다. 우리 사회에서 감정을 솔직하게 표현하는 것은 성숙하지 못한 사람이라는 편견과 오해가 자리하고 있기 때문이다. 불안과 슬픔은 어느 정도 수용되지만, 질투심은 표현하기도 어렵고 수용받기도 어렵다. 그래서 많은 사람이 질투를 속으로 감추며 산다. 이렇게 감정을 계속 억압하다 보면 이후엔 자신이 무엇 때문에 감정이 요동치는지 알 수 없어진다. 즉 감정에 둔감해져 감정 인식에 어려움이 생긴다. 또한 처음엔 가벼웠던 질투란 감정이 걷잡을 수 없이 타올라, 자신의 사랑을 빼앗는 사람의 존재를 부정하고 죽이고 싶을 만큼 무섭게 미움이 증폭하는 문제가 생길 수도 있다.

은희 역시 자신의 분노가 질투 때문이라는 사실을 어렴풋이 알고 있었다. 하지만 그녀는 '사람을 왜 차별해?'라며 상대를 비난하고 화만 낼 뿐, 자신이 느끼는 감정의 이유를 이해하지도 인정하지도 않았다. 나는 그녀가 질투라는 감정을 왜 부인하는지 그 이유부터 알고 싶었다. 현재 본인의 감정 형성 과정을 정확히 이해할 때 비로소 문제의 원인을 해결할 수 있다.

나와 상담을 통해 그녀는 부모님이 자신과 동생을 차별할 때 화가 많이 난다는 지점까지는 인정했다. 그런데 자신이 사랑받고 싶은데 받지 못하는 상황에서 동생에게 질투를 느낀다는 부분은 좀처럼 받아들이지 못했다.

"질투를 느끼는 사람을 어떻게 생각하세요?"

"한심해 보여요."

"그래서 은희 씨는 스스로가 질투심을 느낀다는 사실을 인정하지 않는 거예요?"

"전 제 질투심을 들키는 게 너무 수치스러워요. 사랑받지 못해서 속상해하는 건 너무 지질해 보여요. 사랑에 매달리는 모습은 초라하잖아요. 누군가 저를 그렇게 볼 거라고 생각하면 너무 끔찍해요. 전 '사람 차별하는 당신네의 사랑 따위는 필요 없다'고 말하면서 코를 납작하게 해주고 싶어요."

그녀는 질투심을 드러내는 것이 궁색하고 못난 행동이라고 생각했다. 그러나 질투심에 바짝 붙어 있는 수치심 때문에 감정이 더 부적절하게 폭발해서 분노로 표현된다는 것이 그녀의 문제였다. 상담을 통해 은희가 어떤 과정을 거쳐 질투심을 이토록 부정적으로 인식하게 됐는지 알아봐야겠다고 생각했다. 은희가 가장 오랜 시간 느껴왔을 것으로 짐작되는 가족 안에서 경험한 질투심을 탐색해나가기 시작했다.

## 마음에 미치는 유전과 환경의 영향

은희와 은영은 연년생이다. 은희가 태어나고 얼마 지나지 않아 어머니 뱃속에는 또 다른 생명이 잉태되었다. 그리고 10개월 후 부모님과 친척들로부터 혼자 오롯이 받아온 관심과 보호를 동생과 나눠 가지게 되었다. 이제 막 돌이 지난 그녀에게는 여전히 부모의 전폭적인 돌봄과 애정이 필요한 아기에 불과했는데 말이다.

이렇게 삶을 시작한 은희는 성장 과정에서 계속 동생 때문에 스트레스를 받았다. 은희가 어렸을 때부터 어머니에게 가장 많이 들었던 말이 "언니 노릇을 못한다"라는 질책이었다. 어린 은희가 부모처럼 동생을 돌보고 양보하지 않는다며 혼나는, 황당한 상황이 반복되었다.

"너는 언니가 돼서 동생 거나 탐내고, 왜 이렇게 욕심이 많아? 마음도 좁아서 말이야. 네 동생 좀 봐. 얼마나 순하고 착하니?"

어린 은희는 어머니의 말대로 자신이 속이 좁고 이기적인 것 같아서 죄책감이 들었다. 하지만 혼나는 상황이 반복되다 보니 억울함이 더 크게 자리 잡았다. 매번 양보하라며 윽박지르는 부모와 늦게 태어났다는 이유만으로 특혜를 받는 동생이 싫었다.

생각해보면 동생과 비교하며 비난하는 부모에게 어린 은희가 애정을 갈구하기는 쉽지 않았을 것이다. 은희는 동생 위주로 모든 환경이 바뀌는 것에 대해 화가 났다. 그때마다 세상이 떠나가라 울며 부모님에게 대들었다. 아마 그 순간 어린 은희는 자신을 보호해줄 내 편이 아무도 없다는 생각에 압도되었을 것이다. 그렇게 그녀는 점차 가족 모두를 적으로 인식했다.

　어린아이에게는 부모의 애정과 관심이 생존과 직결된다. 물론 요즘 같은 세상에서는 부모의 애정과 관심을 못 받는다고 먹을 것을 못 얻어먹지는 않는다. 그러나 심리적으로 보자면 부모에게 관심받지 못하는 아이는 존재를 부정당하는 것과 같은 공포를 느낀다. 동생에게는 늘 지지해주는 부모님이 있지만, 자신에겐 아무도 없다는 생각이 지배하게 된다. 은희는 동생과 비교당하는 괴로움에 오랜 시간 시달렸고, 결국 현재 대인관계에서도 질투심은 분노의 핵심으로 자리를 잡았다.


　이야기를 들을수록 나는 은희가 부모님의 편애를 정해진 사실로 여기는 점에 관심이 갔다. 정말 그녀가 느끼는 것처럼 부모는 큰딸인 은희를 동생보다 덜 사랑했을까? 그리고 만약 은희의 부모가 동생을 더 좋아했다면 그 애정은 정상적일까 궁금해졌다. 또한 동생은 어떻게 생각하는지도 중요했다. 은희가 경험한 느낌이 얼마나 현실적인지 알아야 했기 때문이다.

　은희네 가정처럼 형제자매 간에 형성되는 질투심은 매우 일반적이다. 부모는 사랑과 지원을 주는 절대적 존재이고 자녀는 사랑을 받는 처지인데, 혼자일 때는 그 사랑을 독차지하지만 둘 이상이 되면 나눠 가져야 하므로 형제간에 느끼게 되는 경쟁 심리는 매우 자연스럽다. 또한 각 자녀를 향한 부모의 태도도 매우 달라서 그 과정에서 형제들끼리 서로에게 보이는 태도도 달라진다. 부모의 태도에 따라 서로 좋아하기도 하고 질투하기도 한다.

그런데 자녀를 향한 부모의 태도는 상호적인 결과물이다. 가장 일반적으로는 아이의 기질로 인해 부모의 태도가 영향을 받는다. 애교가 많고 순한 기질은 손이 덜 가기 때문에 부모 입장에서는 매우 편하다. 기질적으로 예민하고 요구가 많은 아이는 피곤하고 번거롭기에 부모 역시 더 까칠한 태도로 대하게 된다. 선천적으로 몸이 약하고 심약한 아이는 부모가 더 너그럽게 봐주고 이해한다. 이처럼 자녀가 어떤 기질과 성격을 가졌느냐에 따라서 부모의 태도가 달라질 수 있다.

부모 입장에서 손이 덜 가고 편한 자녀가 예뻐 보일 수 있지만 그것은 부모가 편해서 좋은 것이지 그 아이를 더 사랑해서가 아니다. 아이의 기질과 성격으로 인한 태도의 차이이지 사랑의 유무로 이해하면 안 된다. 자녀들은 이것을 잘 알지 못하기 때문에 자신에 대한 대우가 야박하고 엄격하다면 부모에게 사랑받지 못한다고 오해한다.

은희도 자신이 부모로부터 '미움받는 아이'라고 여기며 분노하는 경우였다. 그녀의 부모 역시 은희가 자신들에게 도전하고 반항한다고 받아들였다. 오해가 오해를 불러오는 대책 없는 상황의 연속이었다. 하지만 은희가 사랑받고 싶어서 미친 듯이 화를 낼 때마다 돌아온 것은 더 큰 질책과 꾸지람이었다.

애석하게도 그녀의 분노는 얻고자 하는 사랑에서 더 멀어지게 했다. 왜냐하면 자신이 왜 화가 나는지 부모에게 단 한 번도 솔직하게 제대로 이야기한 적이 없었기 때문이다. 또한 부모님은 은희가 자신들에게 대든다고 생각해서 화를 냈던 것이고, 안타깝게도 은희는 그걸 몰랐다. 이렇게 마음을 감추면 의미 없는 싸움으로 오랜 시간 서로를 할퀴게 된다.

은희는 질투심이 강한 아이였다. 물론 너무 빠르게 동생이 생긴 환경의 영향도 있었지만, 이에 못지않게 타고난 기질적인 영향도 있었다. 많은 사람이 마음에서 유전과 기질의 영향을 과소평가하지만, 놀랍게도 과학자들은 인간의 마음 역시 유전의 영향을 상당히 받는다고 말한다. 긍정심리학자에 따르면 우리의 행복에 유전자가 미치는 영향은 50%다. 즉 유전자 때문에 다른 사람들보다 쉽게 좌절하거나 우울해지고 슬프며 화가 나는 사람도 있고, 그렇지 않은 사람도 있다는 것이다. 어떤 이들은 유전자의 영향이 50%라고 하면 깜짝 놀란다. 생각보다 수치가 너무 크기 때문이다. 그러나 후천적 영향을 받는 나머지 50%도 큰 수치다. 이 말은 타고나기를 예민하고 우울하며 쉽게 화를 내는 성향일지라도, 어린 시절 부모의 양육 방식이나 성인이 된 이후 상담을 통해 자신의 감정을 다루는 방법을 배울 수 있다는 것이다.

은희는 갓난아기 때부터 손이 많이 가고 까다로웠다고 한다. 성인이 된 지금도 욕구나 감정을 느끼는 데에 남들보다 더 예민했다. 이런 모습은 부모를 힘들게 했을 것이고, 그렇게 아이의 강한 욕구는 의도치 않게 혼나는 이유가 되었을 거다.

생각해보라. 욕구가 강한 아이는 한 손에 과자를 쥐고 있음에도 다른 한 손에도 또 달라고 울부짖는다. 이럴 때 부모는 "손에 과자 있잖아. 넌 왜 이렇게 욕심이 많아?"라고 말한다. 이 말은 아이에게 자신의 욕구가 잘못된 것이며, 사람들로부터 이해받지 못할 것이라는 생각을 하게 한다. 이런 상황에서 자신의 욕구와 직결된 질투심을 인정하고 드러내기란 쉽지 않은 일이다. 결국 은희는 질투심보다는 표현하기 쉬운 화를 내왔던 것이다.


## 몰랐거나 다르게 기억했거나


은희는 동생과 이유 없이 차별을 당한다는 피해의식이 강했다. 나와의 상담에서도 그녀는 동생과 부모님 사이에서 느끼는 소외감과 열등감을 계속해서 호소했다. 그래서 나는 그녀에게 어떤 이유로 인해 그렇게 차별을 받는 것 같은지 물었다. 나의 질문을 들은 그녀는 살짝 당황했다. "어떻게 부모란 사람들이 차별할 수 있냐?"는 반응을 예상했던 모양이다. 그래서 나는 당황한 은희에게 "사람과 사람의 관계에는 쌍방이 서로 기여하는 바가 있으니 본인이 부모에게 기여하는 것엔 무엇이 있는지 생각해보자"고 했다.

"동생은 애교도 많고 기념일도 잘 챙기고 힘든 얘기도 잘 들어줘요. 근데 저는 그런 걸 잘 안 해요."

"그걸 안 해서 부모님이 다르게 대하는 거라면 어떤 것 때문에 안 하게 되는 걸까요?"

"그렇게까지 하고 싶지 않아요. 힘들어요. 그런 걸 잘 못해요."

"동생은 쉽게 하는 것 같나요?"

"글쎄요, 그건 생각 안 해봤어요."

"동생이 하는 걸 은희 씨도 해보는 건 어때요?"

"저는 그게 안 돼요."

"은희 씨가 원하는 인정을 받는데도요?"

"타고나길 안 되는 것 같아요."

은희와 동생은 부모님에게 애정을 표현하는 방식이 크게 달랐다. 은희는 어려서부터 자기주장이 강했다. 필요하고 원하는 것을 잘 요구해서 얻어냈다. 그와 다르게 동생은 부모님의 기분을 잘 맞췄다고 한다. 심지어 '싫다'는 의사 표현을 하는 것을 거의 본

적이 없을 정도라고 했다. 또한 은희와의 관계에서도 동생 은영은 늘 참고 양보했다. 부모는 이런 은영을 안쓰러워하며 착하다고 칭찬했고, 자기 것을 잘 챙기는 은희를 이기적이라고 평가했다.

그런데 나는 은희와 부모의 관계가 더 일반적인 부모 자식처럼 보였다. 반면 동생 은영과 부모의 관계는 타인과의 관계에서 흔히 볼 수 있는 모습이었다. 은희가 요구를 많이 하고 이기적인 부분이 과도하게 자기주장을 하지 않는 은영으로 인해 부각되었을 뿐 부적절한 모습은 아니었다.

은희네 집은 어려서부터 경제적 형편이 어려웠다. 그래서 은희와 은영은 급식비를 내지 못할 때도 있었고 방과 후 친구들과 간식을 사 먹을 돈이 없었다. 그럴 때마다 은희는 돈이 없는 게 부끄럽다고 떼를 썼고 어머니는 속상해하며 남은 돈을 털어 은희의 간식비나 용돈을 챙겨줬다고 한다.

이와 다르게 동생 은영은 그 흔한 짜증도 부리지 않고 아무런 부정적인 표현도 하지 않았다고 한다. 그래서 어머니는 은영이 마냥 착하고 힘든 게 없고 괜찮은 줄 알고 있었다. 또한 은영이 순종하고 말을 잘 들을 때마다 어머니는 세상을 다 가진 것처럼 기뻐했다. 은희는 그런 두 사람의 모습을 지켜보며 소외감과 열등감, 죄책감을 느꼈고 동생 은영이와 어머니 모두를 싫어졌다.

그래서 부모님이 안 계실 때면 동생을 때리거나 괴롭혔는데, 그 일을 은영이가 이르면 그날은 은희가 아버지에게 엄청나게 맞는 날이었다. 그러면 그 분노는 또다시 부모와 동생에게로 향했다. 은희는 또 동생을 때렸고 또다시 아버지에게 맞았다. 이런 악순환이 은희의 어린 시절을 가득 채웠다. 은희는 자신이 부모님에게 사랑받고 싶어서 화가 났다는 점을 인식하지 못하고 그저 자신을 학대하고 동생과 자신을 차별한 부모님을 원망할 뿐이었다.

"은희 씨가 원하는 사랑을 동생은 받았는데, 그럼 동생은 행복해 보이나요?"

"몰라요. 한 번도 생각해보거나 물어본 적이 없는 것 같아요. 가끔 동생은 저한테 하고 싶은 걸 다 하는 것 같아서 부럽다고 말하기는 하는데, 저는 잘 이해가 안 돼서 한 귀로 듣고 한 귀로 흘렸거든요."

나는 은희에게 동생이 실제로 부모님께 받는 대우를 어떻게 느끼고 있는지 확인해보자고 했다. 그녀는 조금 망설이다가 물어보겠다고 답했다.

그런데 확인해보니 동생 은영 역시 부모님이 자신을 사랑하지 않는 것 같다고 말했다. 언니인 은희처럼 맞고 혼날까 봐 아무것도 표현하지 않았을 뿐이고, 부모의 말에 늘 순종해야만 미움을 받지 않는다고 생각했으며, 자라는 내내 은영은 자신이 받는 사랑은 진짜가 아니라고 생각했다고 말했다.

이러한 '가짜 사랑'을 인간중심치료의 창시자 칼 로저스Carl Rogers는 '가치의 조건화conditions of worth'라고 했다. 사람을 있는 모습 그대로 가치 있는 존재로 인정하고 존중하는 것이 아니라, 어떤 조건을 충족시켜야만 그 가치를 인정받을 수 있는 상태를 뜻한다. 보통은 부모가 양육 과정에서 자녀들에게 하는 잘못된 훈육의 결과다. "넌 말을 잘 들어야 해", "떼쓰지 말아야 해" 같은 말은 아이들에게 '난 말을 잘 들어야 가치 있는 사람이야', '떼를 쓰면 가치 없는 사람이야'와 같은 생각을 하게 한다.

은희는 동생의 말을 듣고 한동안 충격에 빠졌다. 오랜 시간 자신이 차별받고 사랑받지 못했다고 여겨왔고, 동시에 다른 사람들에게도 미움을 받았다고 믿어왔는데, 이 믿음이 거짓일 수 있다는 사실에 왠지 모르게 허탈해졌다. 그동안 오해하며 억울함과 질투심을 느꼈다니, 그 시간이 허무했다.

나는 은희에게 그녀가 놓치고 있는 새로운 사실을 알려줬다. 본래 있는 모습 그대로 귀하고 충분히 가치 있는 존재라는 사실을 말이다. 로저스는 가치의 조건화에 갇힌 내담자를 치유하기 위해 상담자의 중요한 자세로 '무조건적인 긍정적 존중unconditional positive regard'을 이야기했다. 내가 은희에게 알려준 바로 그것이다. 그녀는 이후 상담에서도 자신을 있는 그대로 수용해주는 나의 말과 태도에 얼떨떨해했지만, 조금씩 자신이 귀한 존재라는 사실을 받아들이기 시작했다.

감사한 일은 은희가 부모와의 관계에서 사랑을 받기 위해 동생처럼 행동해야 한다는 압박을 더는 느끼지 않는다는 것이다. 하지만 부모와의 관계 이외 다른 관계에서도 좀 달라져야 했다. 질투심을 느낄 때 이전처럼 화를 내거나 관계를 끊는 행동을 하면, 상대는 은희의 진심을 모르기에 계속 오해가 쌓여서 관계가 틀어지기 때문이다.

## 말하지 않으면 아무도 모른다

은희는 자신이 느끼는 소외감이나 질투심이 과도한 것이 아니라 정상적인 반응이라고 인식하면서 점차 질투라는 감정에 대해 관대해졌다. 이제 그녀에게 남은 과제는 하나, 질투심을 상대가 알아들을 수 있도록 건강하게 표현하는 것이다. 그렇게 건강하게 질투심을 표현함으로써 소외되고 분노하는 상황에서 관심을 적극적으로 요구하고, 그 마음을 이해받는 경험을 많이 해봐야 한다. 그러려면 정서 지능을 키울 필요가 있다.

정서 지능 혹은 감성 지능emotional intelligence은 자신의 감정을 처리하는 능력으로, 네 가지 요소가 있다. 먼저 감정을 알아차리고, 조절하며, 상대의 감정을 이해하고, 관계에 활용하는 것이다.

# 정서 지능의 네 가지 요소

**❶ 감정 알아차리기**self-awareness

감정을 알아차리기 위해서는 평소 '지금 내 감정이 어떻지?' 하며 자각하는 연습을 해야 한다. 상담을 받다 보면 "지금 기분이 어때요?"라는 질문을 상담자에게 많이 듣는데, 처음에 내담자들은 어떻게 대답할지 몰라 감정이 아닌 생각을 말한다. 자신의 감정을 알아차리는 연습을 계속하다 보면 나중에는 자신의 감정을 정확하게 인식하게 된다.

**❷ 감정 조절하기**self-regulation

자신의 감정을 알아차렸으면 조절할 수 있다. 그런데 감정의 조절은 비단 큰 것을 작게 만드는 것만이 아니다. 때에 따라서는 작은 감정도 크게 표현할 수 있어야 한다. 자신이나 사랑하는 사람을 지키기 위해서는 화가 나지 않아도 화를 크게 표현하는 것이 필요하다. 감정 조절은 때에 따라 큰 감정을 작게, 작은 감정을 크게 표현하는 것이다.

**❸ 감정 이해하기**social awareness

자신의 감정을 알아차릴 뿐 아니라 상대방의 감정을 알아차리는 것도 중요하다. 상대의 감정을 알아차리고 상대가 왜 그런 감정을 느꼈는지 이해하는 것을 공감empathy이라고 한다. 이를 위해서는 자신의 감정을 알아차리고 이해할 수 있는 것이 먼저다. 또 평소 타인의 감정을 묻고, 왜 그런 감정을 느꼈는지 이해하려고 하다 보면 감정을 이해하는 능력이 좋아진다.

감정은 일종의 에너지다. 화가 났을 때 상대방에게 불쾌함을 표현하거나, 기분이 좋을 때 상대방에게 고마움을 표현하는 것도 좋다. 감정은 대인관계에서 비롯된 것이기 때문에 관계 속에서 표현할 필요가 있다. 만약 상대방에게 표현하기 어렵거나, 사람이 아닌 어떤 상황 때문에 감정이 일어났을 때는 감정을 다르게 활용할 수 있다. 운동하기, 글쓰기, 청소하기 등 어떤 활동을 하는 것이 좋다.

생각보다 많은 사람이 자신의 감정을 정확하게 인식하지 못한다. 질투심이나 소외감을 비롯해 슬픔이나 불안, 외로움과 지루함 같은 부정적이고 불편한 감정을 '화'로 표현하는 경우가 많다. 단지 표현의 문제가 아니라 스스로도 화가 났다고 생각한다.

이때 감정을 느낀 상황을 잘 살펴보다 보면 화가 아니라 다른 부정적 감정이라는 것을 알 수 있다. 은희도 마찬가지였다. 질투심과 소외감을 느낄 때 화를 냈지만, 상담을 통해 은희는 자신의 감정이 화가 아닌, 질투심과 소외감이라고 정확하게 인식하기 시작했다. 그러나 인식과 인정은 다른 문제다. 은희는 마치 느끼지 말아야 할 감정처럼 수치스럽게 여기며 인정하기 힘들어했다. 그러나 상담을 통해 사람이라면 누구나 질투심을 느낀다는 점을 이해했다.

자신이 느끼는 감정을 온전히 이해하는 것은 중요하다. 이해해야 수용할 수 있으며, 더 나아가 감정을 활용하거나 조절하는 단계로 넘어갈 수 있기 때문이다. 자신의 감정을 이해해야 상대의 감정도 이해할 수 있다.

질투심을 알아차리고 이해하며 인정하자 놀랍게도 질투심이 조금 작아지는 것 같다고 은희는 말했다. 그래서 나는 소외감과 질투심을 혼자 없애거나 처리하지 말고, 관계 속에서 표현해보자고 했다. 이를 위해 먼저 친구들의 마음을 들여다볼 필요가 있었다.

"은희 씨가 소외감과 질투심을 표현하면, 대학원 동기들은 뭐라고 할 것 같아요?"

"저를 이상하게 볼 것 같아요. 속 좁은 애라고 할 것 같기도 하고요."

"은희 씨가 상대방이라면 그렇게 느낄까요? 은희 씨랑 친해지고 싶은데, 정작 은희 씨는 다른 사람에게 더 신경 쓰는 모습을 보고 서운하거나 질투심을 느낀다고 말하면 말이에요."

"그렇다면 저는 기분 좋을 것 같아요."

대부분의 사람은 자신과 더 친해지고 싶은 마음을 드러내는 친구를 싫어하지 않는다. 이런 감정을 드러낼 때 오히려 좀 더 친밀한 관계로 발전할 수 있다. 부모님이나 친구들, 대학원 동기들에게 그녀가 느낀 속상하고 서운했던 마음을 말로 표현해보라고 했다. 이런 나의 제안에 은희는 막막해했다. 어떻게 말을 시작해야 할지 전혀 모르겠다고 했다. 그래서 타인에게 자신의 진짜 마음을 말하는 것은 쉬운 일이 아니며, 한 번도 해본 적이 없어서 막막할 수 있다며 그녀의 마음에 공감해줬다. 나의 공감에 진정이 되었는지 한 번 용기를 내기로 했다.

그래서 먼저 대학원 동기들에게 식사를 제안하는 연락을 하라고 독려했고, 은희는 자신의 고질적인 문제를 극복하겠다는 생각으로 실천에 옮겼다. 걱정도 되고, 괜한 오해를 사서 더 힘들지 않을까 싶어서 망설였지만 여기서 연락을 안 하면 아예 관계가 끊어질 것을 알기에, 밑져야 본전이라는 생각으로 용기를 냈다. 드디어 약속 당일 동기들이 모두 모였다.

"지난번에 원래 나랑 먼저 약속을 잡았는데, 다른 날로 바뀌어서 못 가게 된 일 있잖아. 나 그때 좀 많이 서운했었어. 원래 나랑 먼저 잡은 약속인데, 너무 쉽게 바꾸고 결국 내가 못 가게 됐는데 날짜를 다시 바꾸자는 말이 없어서 정말 서운하더라고. 소외감도 들고 그랬어. 그냥 그랬다고."

상담을 받기 전이었으면 은희는 이런 마음을 표현하는 것이 마치 발가벗는 것처럼 상당히 부끄러운 일이라고 생각했을 것이다. 하지만 이제는 상담을 통해 다른 가능성을 보았다.

아니나 다를까, 은희의 동기들은 미안하다며, 표현하지 않아서 몰랐다고 이야기했다. 게다가 생각해보니 기분 나빴을 것 같다며 은희의 감정에 공감해주었다. 은희는 이 경험을 통해 서운하고 질투 난다고 말하는 게 그렇게 부끄러운 일이 아니라는 것을 깨달았다고 했다.

질투의 감정을 이해받는 경험을 통해 그녀는 감정표현을 건강하게 하는 방법을 새롭게 배워나갔다. 이후에도 은희는 이런 질투 고백을 종종 하게 됐다. 예전처럼 관계를 끊는 대신 적절하게 자신의 마음을 표현했다. 그랬더니 불쾌함과 미움받는다는 억울한 기분에서 점차 멀어졌다.

만약에 감정을 표현할 수 없는 상황이거나 표현하기 어려운 관계라면 이땐 감정의 방향을 다른 곳으로 돌리면 된다. 이것도 정서를 조절하는 하나의 방법이다. 속상하고 화가 날 때나 질투심이 복받칠 때 그 감정에 잠식당하지 말고, 그 감정을 에너지원 삼아서 다른 활동을 해보는 것도 좋다. 질투심을 글과 그림 등 예술 작품으로 표현하는 식이다. 아니면 내가 좋아하는 일이나 자신의 실력을 키우는 일에 집중한다.

은희는 더는 분노로 포장된 질투라는 감정 때문에 힘들어하지 않는다. 상담을 통해 자신의 분노와 질투심을 이해하고 수용하게 되었으며, 이를 통해 관계를 돈독히 하고 더욱 성장해나갔다. 자신을 있는 모습 그대로 사랑하게 되었다.

다른 사람의 감정에
눈치 보거나 휘둘리지 말고

'내 마음의 주인'이 되어 보세요.